C.H.BECK WISSEN

in der Beck'schen Reihe

Das Buch erzählt und erklärt die Geschichte Italiens zwischen etwa 1430 und 1560. Besonderes Augenmerk gilt dabei der Entwicklung der Staatenwelt und der verschiedenen politischen Systeme. Aufs engste damit verbunden sind Lebensstil und Selbstverständnis der Oberschichten, die Ausbildung höfischer Gesellschaften, das intensiv für Zwecke der Propaganda genutzte Mäzenatentum und die Hauptströmungen humanistischer Kultur und politischer Theorie.

Allgemeine Entwicklungslinien am Beispiel wichtiger Persönlichkeiten und Schlüsselereignisse anschaulich nachzeichnend, versucht das Buch zugleich Thesen und Theorien zu den Wesensmerkmalen der Renaissance in Italien auf ihre Ergiebigkeit zu überprüfen, zu ergänzen und zu vertiefen. Abgeschlossen wird der Querschnitt durch diese wohl faszinierendste Epoche der italienischen Geschichte mit einem Ausblick auf ihre europäische Ausstrahlung – auf die ebenso bewundernde wie eifersüchtige und kritische Aneignung einer höfischen Kultur und Lebensart, die ungeachtet aller späteren Wandlungen für das aristokratische Europa durch Jahrhunderte prägend bleiben werden.

Volker Reinhardt ist Professor für Allgemeine und Schweizer Geschichte der Neuzeit an der Universität Freiburg/Schweiz. Im Verlag C. H. Beck erschienen ‹Die Medici. Florenz im Zeitalter der Renaissance› (^{2}2001), ‹Rom. Ein illustrierter Führer durch die Geschichte› (1999) sowie ‹Die Geschichte Italiens› (^{2}2002).

Volker Reinhardt

DIE RENAISSANCE IN ITALIEN

Geschichte und Kultur

Verlag C. H. Beck

Mit 6 Abbildungen und einer Karte

Die Deutsche Bibliothek – CIP-Einheitsaufnahme

Reinhardt, Volker:
Die Renaissance in Italien : Geschichte und Kultur /
Volker Reinhardt. – Orig.-Ausg. – München : Beck, 2002
(C. H. Beck Wissen in der Beck'schen Reihe ; 2191)
ISBN 3 406 47991 X

Originalausgabe

Druck und Bindung: Druckerei C. H. Beck, Nördlingen
Umschlagmotiv: Piero della Francesca,
Federico da Montefeltro (Detail), um 1472
Umschlagentwurf: Uwe Göbel, München
Printed in Germany
ISBN 3 406 47991 X

www.beck.de

Inhalt

I. Eine Epoche und ihre Grenzen

Bilder und Mythen der Renaissance

Die Renaissance in Italien als erster Abschnitt der europäischen Moderne ist ein Konstrukt des 19. Jahrhunderts, und zwar ein folgenreiches. Ob es sich dabei um eine Entdeckung oder eine Erfindung handelt, d. h. ob und, wenn ja, wie man diese Epoche bestimmen und auf welchen Zeitrahmen man sie festlegen kann, darüber wird bis heute innerhalb des spezialisierten historischen Metiers lebhaft diskutiert. Eine endgültige Einigung ist nicht in Sicht. Das Fehlen von Konsens schlägt sich am augenfälligsten in den stark voneinander abweichenden Datierungen nieder. Hier präsentiert so gut wie jeder Autor eigene Ansätze. ‹Maximalisten› stecken die Grenzen zwischen 1250 und 1650 ab; ‹Minimalisten› reklamieren meist nur den Großteil des 15. und die erste Hälfte des 16. Jahrhunderts für ‹ihre› Renaissance. Skeptiker schließlich ebnen diese zu einer bloßen Episode im Großen Fließen europäischer Geschichte zwischen 1000 und 1800 ein. Doch eine solch radikale Bestreitung der Epochentauglichkeit ist eher selten. Meistens wird ‹Renaissance› aus Gewohnheit, als liebgewonnene, nützliche oder zumindest vertraute Konvention verwendet.

In krassem Gegensatz zum eher gedämpften Gebrauch in der historischen Wissenschaftsszene ist in Belletristik und Medien ein sehr blutvolles Bild der italienischen Renaissance verbreitet: als Morgenröte sich selbst entfaltender, kühn zu neuen geistigen und geographischen Horizonten aufbrechender Individuen beiderlei Geschlechts mit ausgeprägter Neigung zu *sex and crime*. Diese Renaissance, für die Cesare und Lucrezia Borgia, amoralische Sprößlinge Papst Alexanders VI., gleichsam als Prototypen in Anspruch genommen werden, hat sich als völlig immun gegen jedwede Bestreitung durch historische Fakten erwiesen und wird auch – siehe die Auflagenziffern in Venedig oder Rom um 1500 spielender ‹historischer› Romane – unangefochten von solchen Widerlegungsversuchen weiterblühen. Daraus darf geschlossen werden, daß diese virtuelle Welt gebraucht wird – als Kontrastfolie zu einer bürokratisierten, ereignislos-vorhersagbaren Gegenwart; als eine Gegenwelt, in die man unerfüllte Erwartungen projizieren kann; als Beweis, zu was der Mensch, nach dem klerikal beherrschten finsteren Mittelalter endlich von Sündenbewußtsein und künstlich eingepflanztem schlechtem Gewissen befreit, fähig ist, im Guten wie im Bösen, mit einem Wort: als Fluchtpunkt aus und Überlebenshilfe in einer das Individuum zur bloßen Nummer degradierenden Überzivilisation. Diese Funktion erfüllte der Mythos Renaissance im übrigen schon im Fin de siècle mit seiner grassierenden Renaissance-Mode, vor allem in der Literatur, man denke etwa an Heinrich Manns ‹Die Göttinnen oder die drei Romane der Herzogin von Assy› (1903).

Daß sich die mit wissenschaftlichen Methoden erschließbare ‹wirkliche› Renaissance in Italien anders, vielschichtiger, spannungsreicher, darstellt, ist ein wahrer Gemeinplatz; daß sie in diesem Licht zugleich spannender hervortritt – auch das gilt es im folgenden zu belegen. Aus diesem – kühnen – Anspruch erklärt sich der Aufbau dieses Buches. Auf einen knappen Abriß zu den Wegen, Geschicken und Thesen der Renaissance-Forschung in den letzten anderthalb Jahrhunderten folgt der Versuch einer ebenso kurzen kritischen Bestandsaufnahme: Welche Erkenntnisse zu Staat, Gesellschaft, Kultur und Mentalitäten haben sich in welchem Maße als haltbar erwiesen? Und welches Bild der Renaissance in Italien läßt sich, auf diesem kleinsten, mehr oder weniger gemeinsamen Nenner aufbauend, entwerfen? Das am Ende dieser Einführung in Kurzform vorgestellte Epochentableau soll danach zu einem ausführlicheren Querschnitt durch die verschiedenen Ausschnitte, Aspekte und Lebenswelten der Zeit erweitert werden. Dabei werden Abschnitte zur politischen, diplomatischen und militärischen Geschichte der italienischen Staatenlandschaft vorangestellt, auf die Erläuterungen zu den verschiedenen politischen Systemen und ihren Führungsschichten folgen. An sie schließen sich

Beschreibungen und Erklärungen von Höfen und höfischen Gesellschaften an. Diese leiten zum nächsten Themenbereich Mäzenatentum, Propaganda und Bilderwelten über, der in vielfältiger Weise mit dem nachfolgenden Kapitel zu den vorherrschenden kulturellen Strömungen, zu Weltbildern von Eliten und einfachen Leuten verknüpft ist. Am Ende steht ein Ausblick auf die Ausstrahlungen Italiens ins übrige Europa der Zeit.

So umfassend dabei auf den neuesten Forschungsstand zurückgegriffen wird, so bleibt doch der Hinweis in eigener Sache angebracht, daß ein Versuch der Synthese und Neubestimmung der italienischen Renaissance bei allem Bemühen um Ausgewogenheit des Urteils immer auch subjektiv eingefärbt ist – offenbar reicht diese ein halbes Jahrtausend entfernte Zeit stärker als rein chronologisch näher liegende Epochen in unsere Gegenwart hinein, geht es dabei mehr oder weniger verborgen auch um die Moderne als Ganze und um ihr Produkt – um uns.

Jacob Burckhardt und die Folgen

Das war bereits 1860 so, als in Jacob Burckhardts ‹Kultur der Renaissance in Italien› ein einprägsames, suggestives, ja bezwingendes Bild der ersten Phase der europäischen Neuzeit zwischen Alpen und Ätna vor das Auge des gebildeten europäischen Publikums trat. In seinem thesenhaft angelegten Querschnitt durch alle Bereiche des öffentlichen und privaten, äußeren und inneren Lebens der Großen wie der Kleinen tritt die Renaissance in Italien, zwischen Ende des 13. und Mitte des 16. Jahrhunderts datiert, unvergleichlich lebendig und zugleich zutiefst doppeldeutig hervor. Durch nostalgische Beschwörung herangerückt, aber ebenso durch moralisches Grauen auf Distanz gehalten, vereinigt sie Licht und Schatten der gesamten Moderne in sich, die sie stürmisch einleitet. Die Welt entzaubernd, unerschrocken nach dem Wesen des Faktischen forschend, hebt sie alle überkommenen Legitimationen auf und löst damit die ununterbrochene Reihe der Revolutionen bis heute aus.

Hinter der Farbenpracht von Burckhardts Bilderbogen steht somit ein in sich geschlossenes kausales Modell, das eine unaufhaltsame Kettenreaktion erklärt: die Entdeckung des Ichs und der Welt, daraus resultierend die Auflösung vorher verbindlicher Weltbilder, Subjektivierung als Folge objektivierender Welterforschung, durch alle Schichten hindurch und daher mit einschneidenden Konsequenzen für den Alltag in allen seinen Schattierungen. Der Durchbruch zur Moderne aber vollzieht sich vorzeitig in Italien, weil hier die Membran zwischen Gegenwart und Antike rasch durchstoßen wird und zum anderen die feudale Ordnung schwach und aufgesetzt, somit Platz für das große Experiment, für eine neue Politik als Kunst der Macht ist: Der Staat als Kunstwerk wird zum Laboratorium des neuen Menschen. Denn die seit dem späten 13. Jahrhundert siegreich ausgreifende Einzelherrschaft, die aller überkommenen Rechtfertigungen und Regeln spottende Tyrannis machtvoller Individuen, zieht sich in einer unerbittlichen Schule des Erfolgs skrupellose Machtmenschen, devote Machtdiener, aber auch deren modernen Gegentypus, den Machtverächter, heran. Von so viel Amoralität angeekelt, tritt dieser den Rückzug ins Privatleben an und bildet als Kunstmäzen oder Literat den neuen Geist der Individualität weiter aus. Im Anspruch des einzelnen auf schrankenlose Selbstentfaltung lebt, so Burckhardt, die Renaissance in den europäischen Revolutionen der Folgezeit stetig gesteigert fort – und mit ihr die unheimliche Dialektik von Individualität und Machtstaat, der allein die heillos konkurrierenden Ansprüche der Individuen zu bändigen vermag und diese zugleich zu einer gestaltlosen Masse herabdrückt.

Läßt man die von diesen Thesen ausgelösten nationalistischen Debatten darüber, welches Land das Erstgeburtsrecht der Renaissance für sich in Anspruch nehmen dürfe, wie auch andere Seltsamkeiten (etwa die hitzige Diskussion über den ‹heidnischen› Charakter der Zeit) außer acht und resümiert statt dessen die (vor intellektuellen Exzessen allerdings auch nicht immer geschützten) seriösen, bis heute fortwirkenden ‹revisionistischen› Ansätze der Forschung, so setzt Kritik zuerst an Burckhardts Bild des Mittelalters an. Seinem idealtypischen Konzept einer vorindividuellen, von verbindlichen kollektiven Glaubens- und Weltvorstellungen bestimmten Zeit stellen europäische Mediävisten ein entschieden moderneres Bild entgegen. Belege für Individualität, Naturforschung und vor allem intensive Wiederentdeckungen des Altertums im Mittelalter werden gesucht und gefunden, mit der unerwarteten Folge, daß es jetzt auf einmal mehrere Renaissancen gibt. Sie reichen von der Zeit der Karolinger bis zum frühen 13. Jahrhundert und stellen die Einzigartigkeit der Renaissance als Wiederentdeckung und Wiedererschließung der Antike zumindest in Frage. Ähnlich ergeht es dem Humanismus des 14. und 15. Jahrhunderts, der jetzt gleichfalls an einen Proto- oder Prä-Humanismus des hohen Mittelalters angebunden und dadurch in seiner Neuartigkeit relativiert wird.

Heben diese Neubewertungsversuche bis zum ersten Viertel des 20. Jahrhunderts in ihrem Bemühen, die von Burckhardt so tief angesetzte Zäsur zwischen Mittelalter und Renaissance einzuebnen, noch überwiegend auf eher vage Größen wie Epochengeist und Weltanschauungen ab, so wird der Nachweis ausgeprägter Kontinuitätslinien zwischen den Epochen ab den 1930er Jahren durch Paul Oskar Kristeller und seine Schüler viel konkreter geliefert. Umfassende Textvergleiche zeigen, wieviel die lateinische Grammatik und Rhetorik des 15. Jahrhunderts mittelalterlicher Sprachpflege verdankt und wie eng viele literarische Gattungen der Humanisten an ältere Vorläufer anknüpfen. Nach 1945 wird dieses neue Konzept eines gleitenden, stufenreichen Übergangs vom Spätmittelalter in eine Renaissance, die gleichwohl in ihren Umrissen noch erkennbar bleibt und mit deutlichem zeitlichem Vorsprung in Italien einsetzt (oder sogar ganz auf Italien beschränkt bleibt), allmählich zum vorherrschenden Paradigma, vor allem in der angelsächsischen Welt, wo seit jeher die ausgeprägteste Burckhardt-Skepsis bestand. Wohl nicht zufällig war und ist der intellektuelle Widerstand gegen dieses mehr oder weniger nivellierte Bild der italienischen Renaissance in Italien am ausgeprägtesten, wo Humanismushistoriker wie Eugenio Garin die Innovativität der

Elitenkultur des 15. Jahrhunderts stärker betonen und auch an der Modernität des Renaissancestaates und seiner Strukturen stärker als anderswo festgehalten wurde (Federico Chabod).

Inzwischen nämlich wurde der Graben auch von der Seite der Frühneuzeit-Historiker immer mehr zugeschüttet. Dabei spiegelt das sich wandelnde Bild der italienischen Renaissance fundamentale Neuausrichtungen der Geschichtswissenschaft und ihrer Methode nach dem Zweiten Weltkrieg wider. Ein stärker ‹von unten› fokussierter Blick erschließt die in überwältigendem Maße traditionelle Mentalität der einfachen Leute, wie sie sich in Tagebüchern oder Prozeßakten festgehalten hat. Auch die kollektive ‹Weltanschauung› städtischer Oberschichten wird jetzt als vorherrschend konservativ bestimmt (Felix Gilbert). Ebenfalls ab den 1960er Jahren stürzt Burckhardts hochragendes Konstrukt des modernen Tyrannenstaates in sich zusammen. Untersuchungen wie die von Giorgio Chittolini weisen im Gegenteil auch hier überwiegend bewahrende, ja traditionelle Grundzüge nach. Ähnliche Tendenzen brechen sich in der Sozialgeschichte Bahn; sie belegen die Einseitigkeit von Burckhardts Individualisierungskonzept, soweit es über einzelne herausragende, aber eben auch untypische Individuen hinaus auf soziale Schichten Anwendung findet. Die überwältigende Mehrheit der Italiener aller gesellschaftlichen Schichten lebt, so das Fazit, auch in der Renaissance solide in Ordnungsrahmen eingebettet, wobei sich allenfalls eine Verlagerung hin zu kleineren Einheiten, etwa der Kernfamilie statt des weiteren Sippenverbandes, nachweisen läßt.

Umstürzend auch der Sichtwechsel im wirtschaftlichen Bereich. So gut wie nichts bleibt von der älteren Auffassung, daß sich in der Renaissance zukunftsweisende ökonomische Innovationen hin zu kapitalistischen Produktions- und Vermarktungsmethoden vollziehen, die dann im Zeichen der von Spanien und dem Papsttum erzwungenen ‹Gegenreformation› ab etwa 1560 wieder einer auf Grundrentenbezug und adeligen Lebensstil fixierten Mentalität weichen müssen. Statt dessen tritt immer deutlicher hervor, daß die revolutionären Neuerungen in Handel, Bankwesen und Textilproduktion überwiegend in eine viel ältere Zeit, ins 12. und 13. Jahrhundert, zurückreichen. Wie es darüber hinaus schon damals und auch danach immer wieder Phasen ausgeprägten ‹Rückzugs› in den Erwerb von Land und Lehen gab und überhaupt, sozial und wirtschaftlich gesehen, die Grenzen zwischen Stadt und Land, Kommerz und ‹Feudalität› fließend verlaufen. Vor allem aber sind die knapp zweihundert Jahre nach der Großen Pest von 1347/48 im Zeichen dramatischer Bevölkerungsaderlässe als ein Zeitraum erst stark schrumpfender und sich im Laufe des 15. Jahrhunderts dann auf reduziertem Niveau einigermaßen konsolidierender Produktions- und Handelsverhältnisse erwiesen. Vor diesem Hintergrund ist es ein aussichtsloses, ja widersinniges Unterfangen, die künstlerischen Ausdrucksformen der Frührenaissance, wie sie sich zuerst im Florenz des frühen 15. Jahrhunderts entwickeln, als Spiegel ganz konkreter sozialer und wirtschaftlicher Wandlungen zu erfassen – die auf die antike Tradition des freistehenden Standbildes zurückgreifenden Skulpturen Donatellos, die Bauformen des Altertums wiederaufnehmende Architektur Brunelleschis und die zentralperspektivisch angelegten Bilder Masaccios lassen sich keiner ‹modernen›, frühkapitalistischen Auftraggeberschicht zuordnen. Die Florentiner Oberschicht ist zu dieser Zeit Großhändler, Bankier und Grundbesitzer in Personalunion, ihre Geschmacksvorlieben sind nicht entlang sozioökonomischer Trennlinien aufzuteilen.

Merkmale einer revidierten Epoche

Was also bleibt? Soll man die Renaissance in die Rumpelkammer der abgetanen Mythen verweisen und damit als Epoche abschaffen, wie es Peter Burke in seiner kurzen Übersicht von 1988 tut – derselbe Autor, der anderthalb Jahrzehnte zuvor in einer der ausgewogensten, die Burckhardtschen Überzeichnungen behutsam korrigierenden Neubewertungen der italienischen Renaissance noch zu einem moderat gegenteiligen Ergebnis kam? Überblickt man die Forschung der letzten Jahrzehnte, speziell einer die Grenzen zwischen Kunst-, Ideen- und Geistesgeschichte zugunsten einer ganzheitlichen Kulturgeschichte auflösenden Betrachtungsweise, so zeichnen sich Umrisse eines neuen Bildes der Renaissance in Italien ab. In dieser Perspektive stellt sich der Zeitraum von etwa 1430 bis 1560 als durch zahlreiche Kontinuitätslinien an Traditionen rückgebundene, in mancher Hinsicht konservative, in anderen Sektoren aber auch entschieden innovative, somit exemplarisch kontrastreiche Einleitungs- und Ausbildungsperiode der Neuzeit dar – als ein Zeitraum somit, in dem Italien in wesentlichen Bereichen Modernisierungsprozesse vorwegnimmt, die das übrige Europa vom Beginn des 16. Jahrhunderts bis ins Zeitalter Ludwigs XIV. hinein nachvollzieht und weiter ausbildet.

Diese gewissermaßen vorgezogenen zukunftsweisenden Entwicklungen Italiens in der Renaissance bestehen vor allem in der immer intensiveren Nutzung von Propaganda und ‹Medien›. Dabei setzen Herrscher und Eliten Italiens nicht nur auf das werbewirksam geschriebene Wort, sondern in steigendem Maße auf die Überredungsmacht von Bildern, Statuen und Bauten. Parallel dazu entwickelt sich der vorher rudimentär angelegte Hof zu einer prunkvoll ausgestatteten Bühne, auf welcher der Herrscher in einer immer exklusiveren Umgebung Prestige nach innen und außen zu gewinnen und zugleich seine einheimische Führungsschicht im Blickfeld bzw. unter Kontrolle zu behalten versucht. Die sich damit im Lebensstil der höfischen Gesellschaft vollziehenden Wandlungen, neue Normen des Schönen und des Anstands, aber auch veränderte ästhetische Leitbilder und ihre Umsetzung in Ideen und Kunstwerken, sind also unmittelbar mit Neuformierungen und Neusortierungen an der Spitze von Staat und Gesellschaft verknüpft – und nur im Zusammenhang mit ihnen zu erfassen. Über diese primären Merkmale hinaus zeichnen sich im selben Zeitraum zwei weitere, ältere Ansätze verstärkt fortsetzende und dadurch für die Epoche als solche charakteristische Entwicklungen ab: fortschreitende soziale Ausdifferenzierung, vor allem als definitive Bestätigung, Verfestigung und Heraushebung von Führungsgruppen verstanden; und schließlich eine langsamere, keineswegs geradlinige, doch nach der Mitte des 16. Jahrhunderts im wesentlichen abgeschlossene äußere Arrondierung und Konsolidierung der einzelnen Staaten wie der politischen Landkarte als Ganzer. Ohne Frage gewichtet dieser Versuch einer Epochenbestimmung stark die ‹virtuellen› Aspekte einer in der sozialen und politischen Realität viel immobileren, nicht selten sogar rückwärtsgewandten Zeit. Die Rechtfertigung einer solchen Definition könnte aber gerade darin zu sehen sein, daß die ‹Medien› der Renaissance bis heute ihre Propagandabotschaften so wirkungsmächtig zu vermitteln vermögen – nicht zuletzt dadurch, daß sie den Mythos der Renaissance am Leben halten.

II. Politik und Diplomatie zwischen Alpen und Ätna

Die Staatenlandschaft Italiens im 15. Jahrhundert

Der moderne Souveränitätsbegriff ist für eine Aufgliederung der italienischen Staatenlandschaft im 15. Jahrhundert nur begrenzt tauglich. Statt einer klar konturierten, festgefügten Ordnung stellt sie sich als ein komplexes Geflecht von Bündnissen, Abhängigkeits- und Schutzverhältnissen dar. In seinen Feinheiten nur den gewieftesten Diplomaten der Zeit ganz zugänglich, läßt es sich am ehesten als ein dicht gewobenes Netz mit mehreren Mittelpunkten und zahlreichen, sich nicht selten überkreuzenden Verstrebungen vorstellen. Denn diese annähernd gleichrangigen und gleich starken Zentren sind zum Teil untereinander, vor allem aber mit den darunter rangierenden mittleren, kleinen und winzigen politischen Gebilden vielfältig verbunden. Auch wenn einige dieser Fäden mehr oder weniger auf Dauer gesponnen sind, ist das Ganze doch permanent in Bewegung. Anstöße und Erschütterungen gehen von den Expansionsbestrebungen der Großen, aber auch von den Schutz- und Sicherheitsbedürfnissen der Kleinen aus.

Diese unterschiedlichen Interessen knüpfen eine Fülle klientelärer, d. h. auf wechselseitigem Nutzen, Geben und Nehmen beruhender Beziehungen. Kommt dem Patron dabei die Pflicht zu, seinen ‹Schutzbefohlenen› (*raccomandati*) gegen äußere Bedrohungen zu sichern, so hat dieser die Macht und nicht zuletzt das Prestige seines Protektors zu mehren. Ausschlaggebend für die Haltbarkeit dieses klientelären Verhältnisses ist der Erfolg, d. h. der Gewinn, den beide Seiten daraus ziehen; fällt er ungenügend oder einseitig aus, läßt sich der Pakt aufkündigen. Gerade die schwächeren Glieder solcher Verkettungen auf Zeit waren, bildlich gesprochen, darauf angewiesen, das politische Gras wachsen zu hören, d. h. Machtveränderungen auf der obersten Etage frühzeitig zu registrieren, um sich gegebenenfalls nach einem neuen Patron (oder auch mehreren) umzusehen. Die gesamten Verästelungen dieses Geflechts zu übersehen, ja nur seine wichtigsten Regeln zu verstehen fiel gerade Außenstehenden schwer. Und doch hat einer von ihnen, der französische Diplomat Philippe de Commynes (1447–1511), das riskante Spiel auf der diplomatischen Bühne Italiens in den 1490er Jahren nicht nur virtuos zu meistern gelernt, sondern auch in seinen ‹Mémoires› eindrucksvoll beschrieben.

Auf der obersten Stufe dieses Gefüges stehen um die Mitte des 15. Jahrhunderts fünf Großmächte – die Republik Venedig, das Herzogtum Mailand, die Republik Florenz, die geistliche Wahlmonarchie des Kirchenstaates und das Königreich Neapel-Sizilien (seine offizielle Bezeichnung lautet ‹Königreich Sizilien diesseits und jenseits des Leuchtturms›, d. h. der Straße von Messina). Darunter folgt eine Reihe von Mittelstaaten wie das zur Herrschaftsagglomeration der Herzöge von Savoyen zählende Piemont, die Einzelherrschaften (Signorien) Mantua und Ferrara unter ihren Marchesi aus den Familien Gonzaga bzw. Este, die Republiken Genua, Lucca und Siena, die Herrschaften der päpstlichen Vikare (d. h. Stellvertreter) aus den Familien Malatesta in Rimini und Montefeltro in Urbino. Am Grunde der Machtpyramide schließlich tummelt sich eine Vielzahl von Klein- und Kleinststaaten. Ihre Herren können wie etwa die Malaspina oder Pallavicino vom Kaiser verliehene ländliche Reichslehen innehaben, die sich vor allem in abgelegenen Gebieten zwischen den größeren Machtblöcken, z. B. im ‹Niemandsland› zwischen Ligurien und Toskana, teilweise bis zur napoleonischen Zeit erhalten, aber auch über kleinere Städte und deren Umland herrschen wie etwa die Pio in Carpi oder die Pico in Mirandola. Ob und in welchem Maße solche Miniterritorien auf diplomatischer Bühne in eigener Sache spielberechtigt waren, hing stark von der jeweiligen politischen Situation und damit davon ab, an welche einflußreichere Macht sie sich anlehnten.

Weitere mit heutigen staatsrechtlichen Kategorien nicht faßbare ‹Souveränitäts›-Grauzonen sind im Kirchenstaat und südlich davon verbreitet. Größere Städte wie Bologna und Perugia, aber auch kleinere Orte wie etwa Foligno und Città di Castello sind im 15. Jahrhundert nominell dem Papst unterstellt, tatsächlich aber unter der notdürftig oder auch gar nicht legalisierten Vorherrschaft einheimischer Adelsfamilien zumindest phasenweise weitgehend unabhängig. Dasselbe gilt für die großen Barone des Südens. *De jure* der Lehenshoheit des in Neapel residierenden Monarchen unterworfen, regieren die mächtigsten Feudalgeschlechter wie etwa die Orsini di Bolzano in ihren riesigen, bezeichnenderweise *stato* genannten Territorien von jeglicher Einmischung weitgehend unangefochten. Daß sie sich im Konfliktfall (wie etwa im berühmten Komplott der Jahre 1485/86) bedenkenlos mit auswärtigen Mächten gegen ihren königlichen Herrn verschwören, spiegelt weniger moralische Verworfenheit als vielmehr den Anspruch, niemandem unterworfen zu sein. Aus der fast unüberschaubaren Fülle territorialer Herrschaftsbildung seit dem 10. Jahrhundert hervorgegangen, waren die italienischen Kleinststaaten als Reste einer älteren Ordnung durch die Expansions- und Arrondierungsbestrebungen der größeren Mächte seit dem 14. Jahrhundert potentiell aufs höchste gefährdet. Dennoch überstehen nicht wenige dieser akut vom Aussterben bedrohten politischen Gebilde die diplomatisch-militärischen Stürme der Renaissance unbeschadet, als Pufferzonen zwischen größere Staaten eingefügt und in deren Windschatten geschützt – auch ein Anzeichen dafür, daß altes Recht mehr zählen konnte als schiere Macht.

Noch komplizierter werden die politischen Verhältnisse auf der Halbinsel dadurch, daß Rang und Rechtsstellung nicht notwendigerweise in eins fallen. Nach den ebenso rigorosen wie konservativen Kriterien zeitgenössischer Staatsrechtler sind von den italienischen Mächten der Renaissance nur die Republik Venedig – allerdings nicht mit der Gesamtheit ihres (auch Reichslehen umfassenden) Festlandbesitzes – und der Kirchenstaat keiner höheren Instanz unterstellte Herrschaften. Gerade der Papst häufte lehensrechtlich begründete Oberhoheiten in seiner Hand; in nomineller feudaler Abhängigkeit von Rom standen so bedeutende Mächte wie das Königreich Sizilien (seit 1130) oder das Gebiet der Markgrafen bzw. (seit 1471) Herzöge von Ferrara. Im politischen Alltag ziemlich folgenlos, konnte diese Rechtsstellung in Krisen- und Umbruchzeiten, bei Thron- oder sogar Dynastiewechseln bzw. inneren Aufständen ausschlaggebend werden. So beschwor die Weigerung Papst Kalixtus' III., Ferrante, dem unehelichen Sohn König Alfonsos V. von Sizilien, die Investitur mit dem festländischen Teil des Königreichs zu verleihen, 1458 die Gefahr eines Krieges herauf, vor dem Italien dann nur der Tod des achtzigjährigen spanischen Pontifex bewahrte.

Überhaupt ist viel ältestes Mittelalter in den Rechtsverhältnissen Renaissance-Italiens lebendig. Wie schon das Überleben der Reichslehen zeigte, besteht die Rechtsordnung des von den Langobarden im 6. Jahrhundert begründeten, von Karl dem Großen 773/74 eroberten und Otto dem Großen 951/62 erneuerten Königreichs Italien als Teil des Heiligen Römischen Reiches fort – zumindest als Anspruch. Vermochten Metropolen wie Genua und Florenz ihre Unabhängigkeit gegenüber dem Reich faktisch so weit durchzusetzen, daß die durchaus gegensätzlichen Standpunkte des Kaisers diese Autonomie nicht wesentlich einschränkten, so sah die Lage in vielen, auch wirtschaftlich und politisch florierenden Teilen Nord- und Mittelitaliens, etwa in den beiden dem Reich unterstellten Republiken Lucca und Siena, schon ganz anders aus. Cosimo de' Medici, Herzog von Florenz, nahm 1555 die Republik Siena nicht nur mit der allerhöchsten Genehmigung Kaiser Karls V. ein, sondern beantragte und erhielt nach abgeschlossener Eroberung auch ordnungsgemäß die Belehnung mit seinem neuen Territorium. Ebenso unbestritten war der Status Mailands als Reichslehen. Den dazugehörigen Herzogtitel hatte Giangaleazzo Visconti, als mächtigster Herrscher Italiens ein politischer Faktor von europäischem Gewicht, 1395/96 für viel Geld vom chronisch finanzschwachen König Wenzel erworben.

Macht schuf nicht automatisch Recht – die konservativen Wertvorstellungen der Zeit verlangten dringend nach nahtloser Einfügung in Traditionslinien. Wie heiß begehrt dieser Nachweis noch zwei Generationen später war, zeigen die ebenso intensiven wie erfolglosen Bemühungen Francesco Sforzas, nach dem Gewinn Mailands im Jahr 1450 auch die Herzogswürde vom Reich zu erlangen. Als einziger wirklicher Selfmade-Herrscher von Rang im Italien der Renaissance war der Ex-Söldnerführer dringend darauf angewiesen, seine von innen wie außen angefochtene Herrschaft durch Legitimation von oben abzusichern.

Gerade durch ihre nachträgliche reichsrechtliche Legalisierung stellen sich die Signorien der italienischen Renaissance als hybride politische Gebilde dar. Denn ihrem Selbstverständnis nach ziehen sie ihre tiefste Rechtfertigung überwiegend aus dem ungebrochen fortlebenden Anspruch, die von ihnen bzw. ihren Vorgängern meist mehr oder weniger gewaltsam beseitigte stadtrepublikanische Ordnung der Kommune in ihrer besten und dauerhaften, nämlich nach endloser innerer Selbstzerfleischung definitiv befriedeten Gestalt zu verkörpern. Nicht zuletzt dieses Rollenverständnis des Einzelherrschers (*signore*) und die darin beschlossene Verpflichtung, die weiter bestehenden kommunalen Institutionen und Ämter, wenngleich mit stark reduzierten Kompetenzen, zu respektieren, erleichterten die vielen Übergänge von einer Staatsform zur anderen. Hier waren, mancher hochtönenden Propaganda der Zeit entgegen, weniger ideologische Grundsatz- als vielmehr pragmatische Zweckmäßigkeitsfragen zu entscheiden.

Condottieri, Allianzen und Abhängigkeiten

Das dicht gewobene Netzwerk zwischenstaatlicher Beziehungen, wie es sich ab dem zweiten Viertel des 15. Jahrhunderts ausbildet und allmählich in verschiedenen Bündnissen und Verträgen formalisiert wird, produziert wie alle derartigen Systeme seinen eigenen Werte- und Verhaltenskodex. Als fundamentalste der für die kleineren Staaten verbindlichen Überlebensregeln gilt das Prinzip der Rückversicherung: zum rechtlichen Oberherrn einigermaßen gedeihliche Beziehungen zu pflegen, doch sich nicht ausschließlich auf diese zu verlassen, sondern enge Bindungen zu zumindest einem weiteren Patron derselben Größenordnung zu knüpfen.

Diese Doppelsträngigkeit prägt die italienische Politik Federicos da Montefeltro (1422–1482), als Herr von Urbino und höchstdotierter Söldnerführer (*condottiere*) in seinen beiden letzten Lebensjahrzehnten die wohl prestigeträchtigste Figur auf der militärischen und diplomatischen Bühne Italiens. Ostentativ auf die Erfüllung der seinem päpstlichen Lehensherrn geschuldeten Pflichten bedacht, stand Federico zugleich in einem militärischen Langzeit-Dienstverhältnis zum König von Neapel. Dieses verschaffte ihm nicht nur wertvolle politische Protektion, sondern trug auch maßgeblich zu den – geschätzten – Netto-Soldeinnahmen von knapp 900 000 Dukaten bei, die den Herzog von Urbino zum reichsten Fürsten seiner Zeit (nicht nur in Italien) und zudem bei seinen Untertanen beliebt machten. Diese nämlich zahlten niedrige Steuern und hatten zudem als Soldaten im Heer ihres Landesherrn günstige Erwerbsaussichten. Die einträgliche Zweigleisigkeit aber wird zur akuten Bedrohung von Herrschaft und Dynastie, als sich im Krieg um Ferrara Papst Sixtus IV. und König Ferrante von Neapel 1482 als Feinde gegenüberstehen. Vor die Zerreißprobe zwischen Lehensherrn und Patron gestellt, entscheidet sich der Herzog für den letzteren; er stirbt bald darauf mit der quälenden Befürchtung, die Herrschaft seiner Dynastie verspielt zu haben. Daß es überhaupt so weit kommt, spiegelt die Risiken des Systems; daß es dann doch anders kommt, zeigt, wieviel soziales Kapital Federico bei den Mächtigen Italiens erworben hat – durch Beachtung von Spielregeln, in Form guter Beziehungen, aber auch in Gestalt seines einzigartigen Palastes in Urbino, in den ein großer Teil seiner Einnahmen floß.

Das Metier des *condottiere* wird nachgerade zum Pflichtberuf der mittleren und kleineren *signori*, auch bei geringer oder gänzlich fehlender Begabung. Herrscher der obersten Kategorie vergeben, darunter rangierende *signori* nehmen Soldverträge (*condotte*). Nur diese symbolische Bedeutung erklärt die paradoxe Konstellation, daß der erfolgreiche Ex-Söldnerführer Francesco Sforza als Herzog von Mailand mit Ludovico Gonzaga einen *condottiere* in Dienst nimmt, der seinem Auftraggeber an militärischer Erfahrung und Reputation unterlegen ist.

Mindestens ebensooft wie Kriege führen sollen *condottieri* bewaffnete Konflikte verhindern oder diese, sind sie unvermeidlich, zumindest unter Kontrolle halten. Andererseits sollte man – Fazit einer langen Debatte über Krieg und Kriegführung im Italien der Renaissance – ihr Metier nicht idyllisieren. Krieg wird überwiegend auf Kosten des ungeschützten Landes, mit verbrannter Erde und verwüsteten Feldern, geführt. Und auch unter den erfahrensten *condottieri* kann Krieg unversehens eskalieren – berüchtigt der sogenannte Sacco di Volterra im Jahre 1472, als die Truppen Federicos die unbotmäßige Untertanenstadt von Florenz in Schutt und Asche legten. In den ersten Jahrzehnten des 16. Jahrhunderts werden dann mit der Intervention Frankreichs und Spaniens die Kampagnen um ein Vielfaches verlustreicher. Daß Kriegführung durch Söldner infolge chronischer Treulosigkeit für deren Auftraggeber mindestens ebenso gefährlich sei wie für die Gegner, ist längst als Renaissance-Mythos erwiesen: *Condottieri* werden von ihren Dienstherrn überwiegend am festen Zügel geführt. Ausnahmen wie Sigismondo Pandolfo Malatesta, der zu seinem eigenen Nachteil chronisch unzuverlässige Signore von Rimini (1417–1468), bestätigen diese Regel. Die Anwerbung der Generäle ist der heutiger Fußballprofis nicht unähnlich. Spätestens im März kommt es mit Anbruch der neuen Saison zu Vertragsverhandlungen. Vereinbart wird meistens eine Pauschalsumme, mit welcher der *condottiere* seine Leute und sämtliche weiteren Nebenkosten für Troß, Transport etc. zu bezahlen hat. Je bescheidener die militärischen Operationen, desto größer der Reingewinn – in dieser simplen Gleichung konnte zusätzlicher Anreiz zum Krieg auf kleiner Flamme bestehen. Den vielfältigen Aufgaben der *condottieri* entsprechend, standen beim Feilschen um die *condotte* breitgefächerte Fähigkeiten und Eigenschaften hoch im Kurs. Ganz oben rangierten Zuverlässigkeit, Umsicht, Mäßigung, Fürsorge für die Soldaten, väterliche Autorität, politische Weitsicht, mit anderen Worten: für den Auftraggeber prestigeträchtiges Verhalten. An dieser Skala gemessen, schnitt der bucklige, durch und durch zivile Ludovico Gonzaga, Marchese von Mantua (1414–1478), auf dem *Con-*

dottiere-Markt besser ab als der schneidige Sigismondo Pandolfo Malatesta, dem es nur an einer einzigen, allerdings ausschlaggebenden Qualität gebrach: an Loyalität. Ludovico hingegen hatte davon so viel, daß er eine seltene, des Renommees beider Seiten wegen nicht publik gemachte Sonderbedingung erwirken konnte: kein Dienst zu weit weg von der Heimat. Zu lange Abwesenheit des *signore* gefährdete die Stabilität seiner Herrschaft. Die Ausnahmeregelung zeigt zudem, in welchem Maße das Metier des *condottiere* vom Image und das Geflecht italienischer Diplomatie vom Schein, von der öffentlichen Meinung, von symbolischen Werten und Riten bestimmt wurde. Als solches bedurfte es im Zeitalter stetig intensivierter Propaganda der sichtbaren Versinnbildlichung seiner Werte, ja deren Verkörperung. Diese Rolle fiel Federico da Montefeltro, der nicht weniger Vergewisserung und Identität stiftende Part des schwarzen Schafs und Sündenbocks hingegen seinem Gegner Sigismondo Pandolfo Malatesta zu.

Als ab den 1480er Jahren die alten Protagonisten abtraten und eine neue Herrschergeneration auf die Bühne drängte, erwies sich das vielgliedrige Gefüge der italienischen Staaten als zu komplex, um zu überleben, nicht zuletzt deshalb, weil es auswärtigen Mächten zu viele (Schwach-)Punkte zum Eingreifen bot. Durch deren militärische Interventionen hat sich schon in den ersten Jahren des 16. Jahrhunderts die Vielsträngigkeit dramatisch verringert. Oberhalb der alten Großmächte, von denen zwei, Mailand und Neapel, unter französische bzw. spanische Herrschaft geraten und zwei weitere, Venedig und Florenz, schwer angeschlagen sind, agieren als rivalisierende Oberpatrone jetzt der spanische und der französische König. Zwischen diesen beiden haben die mittleren und kleineren Staaten zu wählen – eine riskante Entscheidung. Nach 1530 aber ist auch die Frage Frankreich oder Spanien endgültig beantwortet, hat sich das ehemals so vielgliedrige System vollends vereinfacht. Auf Jahrzehnte hinaus gilt jetzt nur noch eine Hauptregel: Wer politisch überleben will, hat sich mit der neuen Vormacht Spanien/Habsburg zu arrangieren.

III. Grundzüge italienischer Politik zwischen 1430 und 1560

Die fünf Vormächte

Das ältere, klientelär komplex verzahnte Mächtegefüge setzte die Konsolidierung der die sogenannte Pentokratie (Fünferherrschaft) bildenden Staaten Venedig, Mailand, Florenz, Rom und Neapel/Sizilien sowie den Verzicht auf Einmischung in die inneren Verhältnisse der Konkurrenten voraus. Diese Verfestigung nach innen und außen schreitet im zweiten Viertel des 15. Jahrhunderts entschieden voran.

Für die zeitgenössischen Beobachter am wenigsten dem Kreislauf von Höhen und Tiefen unterworfen ist die Republik Venedig, die von ihren inneren Spannungen wenig nach außen dringen läßt. Solche aber sind seit jeher reichlich vorhanden. 1355 wird der Doge Marino Falier als Verschwörer gegen die Republik geköpft; 1457 erfolgt die Absetzung seines zehnten Nachfolgers, Francesco Foscari. Von Ausnahmen wie diesen abgesehen, werden die Konflikte an der Lagune aber überwiegend in geregelteren Formen ausgetragen. Hauptstreitpunkt innerhalb des die Republik regierenden hauptstädtischen Adels ist die Frage, ob die Serenissima sich zum Meer, d. h. zu ihren Kolonien zwischen Dalmatien, Griechenland und Zypern, oder zum Land hin orientieren, d. h. ihren ursprünglich geringen italienischen Festlandbesitz, die *terraferma*, ausdehnen soll. Dessen Erweiterung schreitet seit dem Anschluß Veronas (1387) und Paduas (1405) voran, wird aber weiterhin kontrovers diskutiert, bis unter dem langen Dogat Foscaris ab 1423 die Weichen endgültig in Richtung Italien gestellt sind. Mit gravierenden Folgen für die übrigen Mächte: Deren Politik bleibt jetzt ein Menschenleben lang darauf gerichtet, die venezianische Expansion nach Ferrara und in die päpstliche Romagna, aber auch in apulische Küstenregionen hinein zu verhindern.

Als aggressivste und dynamischste Macht im Italien des 15. Jahrhunderts tritt die Markusrepublik an die Stelle der mailändischen Herzöge aus dem Hause der Visconti, deren stark überdehntes Herrschaftsgebiet sich nach dem Tod Gian Galeazzos im September 1402 von den Rändern her aufzulösen droht. Zwar kann dieser Zerfall gestoppt und die Herrschaft der Dynastie über ein deutlich verkleinertes Territorium nochmals für mehr als vier Jahrzehnte gesichert werden, doch wird die strittige Erbfolge nach dem Tode Filippo Maria Viscontis im Jahre 1447 zu einer ernsten Belastungsprobe für das italienische Staaten- und Bündnissystem. Nicht zuletzt die Fähigkeit, unliebsame Prätendenten von außen fernzuhalten, ist jetzt gefordert. An solchen fehlt es nicht, hatten sich die Visconti doch in ihrer großen Zeit Ende des 14. Jahrhunderts mit europäischen Herrscherhäusern verschwägert; vor allem die Orléans, Seitenlinie der französischen Dynastie, und die seit kurzem in Neapel regierenden Aragonesen machen Ansprüche geltend. Doch nehmen die Ereignisse einen ganz anderen Verlauf. Im Endeffekt nämlich gibt das Votum des Mailänder Adels den Ausschlag. Dieser hatte sich zuerst zur Ambrosianischen Republik zusammengeschlossen, allerdings in Ermangelung lebendiger freistaatlicher Traditionen ohne allzu großen Enthusiasmus, und dementsprechend nach ersten Erfahrungen mit der eigenen Zerstrittenheit schließlich 1450 akzeptable Übergabebedingungen mit dem im wahrsten Sinne des Wortes nächstliegenden Kandidaten, Francesco Sforza, ausgehandelt, der mit seinen Truppen vor der Stadt lagerte.

Nach mühsamer Behauptung seiner Herrschaft praktiziert der durch alle Wechselfälle hindurchgegangene und dabei abgeklärt, ja weise gewordene Ex-Söldnerführer in souveräner Erkenntnis seiner Grenzen und Abhängigkeiten bis zu seinem Tod 1466 eine exemplarische Ausgleichs- und Gleichgewichtspolitik. In seinen letzten Lebensjahren mit dem neuen französischen König Ludwig XI. (reg. 1461–1483) verbündet, kann sich Sforza in Italien auf die instrumentale, d. h. auf gegenseitigen Nutzen gerichtete Freundschaft mit Cosimo de' Medici, dem mächtigsten Mann von Florenz, stützen. Als reichster Bankier

Europas hatte dieser seit langem große Summen in den Aufstieg des *condottiere* investiert – mit der Übernahme des Herzogtums brach die Zeit der Rendite für die Medici an.

Cosimo nämlich war nicht nur erfolgreicher Geschäftsmann, sondern auch Haupt einer durch familiäre Bande, Verschwägerung und nie versiegende Geldmittel eng zusammengeschweißten ‹Partei›. Diese Interessengruppe innerhalb der regierenden florentinischen Oberschicht ist ab 1430 in schwere Machtkämpfe mit einer konkurrierenden Formation um die vornehmere, aber finanziell weniger potente Familie Albizzi verwikkelt. Aus diesen seit 1433 dramatisch zugespitzten Konflikten geht Cosimo mit der charakteristischen Mischung aus Vorsicht, Klugheit und Glück im Herbst 1434 siegreich hervor, um danach die Republik Florenz in einer stillen Revolution grundlegend umbauen zu lassen. Führende Ämter besetzen nach einer ebenso einschneidenden wie unauffälligen Manipulation des damals üblichen Wahl-Los-Verfahrens nur noch vertrauenswürdige Klienten der Medici-Partei – zumindest so lange, wie das Patriziat gute Miene zu diesem Spiel macht. Regelmäßig – besonders heftig 1455 bis 1458 – aufflammende Opposition vom neuen System benachteiligter Kreise und ehrgeiziger einzelner wird mit mailändischer Truppenhilfe rasch und effizient unterdrückt: Wirtschaftlich äußerst verlustreich, amortisierte sich die mailändische Filiale der Medicibank politisch. Die über die ‹Systemgrenzen› Signorie-Republik hinweg geschlossene Allianz zwischen Mailand und Florenz – ein weiteres starkes Argument dafür, die Wortgefechte zwischen den Anhängern beider Staatsformen als hochgradig rhetorisch geprägt einzustufen – wird zur tragenden Achse eines neuen Bündnissystems. Dieses bildet sich zwischen April 1454 und März 1455 aus dem ursprünglich nur zwischen Mailand und Venedig geschlossenen Frieden von Lodi in Form einer italienischen Liga heraus. Sie trägt im wesentlichen die Handschrift Sforzas, auch wenn ein anderer Herrscher, Papst Nikolaus V., sie feierlich zelebriert.

Für ihren Abschluß ist die Konsolidierung der Herrschaftsverhältnisse im Süden, im Kirchenstaat und im Königreich Sizilien, die Voraussetzung. Denn hier hatten seit dem letzten Viertel des 14. Jahrhunderts über weite Strecken Chaos und Anarchie vorgeherrscht, ausgelöst von der Spaltung der Kirche in zwei (ab 1409 sogar drei) Päpste und ihre jeweilige Gefolgschaft bzw. durch die andauernden Thronwirren und -streitigkeiten in Neapel. In beiden Monarchien stabilisiert sich die Situation nur langsam. Als einziger von den europäischen Mächten anerkannter Papst kehrt Martin V. (1417–1431) aus der römischen Hochadelsfamile Colonna 1420 nach Rom zurück und setzt sich dort allmählich gegen Barone, städtisches Patriziat und oppositionelle Kardinäle durch, doch muß sein Nachfolger Eugen IV. (1431–1447) 1434 nochmals für neun Jahre aus seiner Hauptstadt fliehen. Die in dieser Zeit von seinem ‹Vertreter›, Kardinal Giovanni Vitelleschi, gewaltsam vorangetriebene politische Flurbereinigung im Kirchenstaat ebnet ihm den Weg zur Rückkehr und leitet eine langfristige Festigung der römischen Machtverhältnisse zugunsten des Papsttums ein. Vor diesem Hintergrund kann sich Nikolaus V. (1447–1455), von heimischen Problemen relativ wenig behelligt, dem italienischen Frieden widmen.

Kurz zuvor schon hatte sich die noch viel unübersichtlichere Lage im Süden definitiv geklärt. Hier hatten sich verschiedene Linien des seit 1266 in Neapel regierenden Königshauses Anjou, darunter eine aus Ungarn, erbittert bekämpft, und zwar unter tätiger Mithilfe des einheimischen Hochadels, der aus der Schwächung der Monarchie Stärkung bezog, und diverser Söldnerarmeen, u. a. des militärischen Familienunternehmens der Sforza. Von Königin Giovanna II. von Anjou als künftiger Thronfolger adoptiert (doch leider nicht als einziger), in zwei Jahrzehnten labyrinthisch verschlungener Nachfolgekämpfe mit weiteren Anjou-Prätendenten zeitweise gefangengenommen, setzte sich hier mit der Einnahme von Neapel und der päpstlichen Anerkennung in den Jahren 1442/43 König Alfonso V. von Aragon (1396–1458) endgültig durch. Obwohl er schon vorher über ein mächtiges mediterranes Imperium (Katalonien, Aragon, Valencia, Balearen und Sardinien) gebot, verlegte der neue König seinen Herrschaftsmittelpunkt in die Stadt am Vesuv, wo er sich unter Aufbietung aller propagandistischen Künste zu ‹italianisieren› bemühte – mit einigem Erfolg. Sein Herrschaftsantritt bedeutet die (allerdings nur bis zur erneuten Teilung unter zwei Linien des Hauses im Jahr 1458 bestehende) ‹Wiedervereinigung› Neapels mit Sizilien, das 1282 von den Anjou abgefallen war und danach aragonesischen Königen unterstand, die sich ab der Mitte des 14. Jahrhunderts immer weniger gegen die führenden Adelsclans durchzusetzen vermocht hatten.

Konnte das politisch so reich gegliederte Italien einen Monarchen dieser Größenordnung verkraften? Zunächst sah es nicht so aus: Alfonsos politische Klienten wie Borso d'Este, Marchese von Ferrara, schmeichelten ihrem Patron als künftigem König Italiens, und in der Tat deutete am Anfang alles auf eine expansive Politik des neuen Herrschers hin. Daß die Feindschaft mit dem erfolgreichen Konkurrenten um Mailand, Francesco Sforza, schon wenige Jahre danach einem Dreierbund Mailand-Florenz-Neapel wich, ist wiederum in hohem Maße der unbeirrbaren Ausgleichspolitik des neuen Herzogs zu verdanken. Er nämlich war es, der, entgegen den Ratschlägen seines Freundes Cosimo de' Medici, Alfonsos Sohn Ferrante in seinen zeitweise aussichtslos erscheinenden Kämpfen mit René und Jean d'Anjou um die Nachfolge in Neapel die entscheidende Unterstützung zukommen ließ. 1465 sitzt Ferrante wieder fest im Sattel, im März 1466 stirbt in Mailand der große alte Mann der italienischen Politik.

Der ‹Geist von Lodi›: Strategien der Konflikteindämmung

In gut einem Jahrzehnt schien sich der Wille zu einer Politik des möglichst gewaltarmen Interessenausgleichs gefestigt zu haben. Mit eigener Armee und eigenem Feldherrn (natürlich Federico da Montefeltro) ausgestattet, hatte die Liga zwar nicht alle akuten Gegensätze beheben können – der zwischen Neapel und dem chronisch unruhigen Genua mußte sogar vom Bündnis ausgenommen werden –, doch immerhin das politische Klima stark verbessert. Der von Papst Pius II. Piccolomini

(1458–1464) gegen seinen unbequemen Vikar Sigismondo Pandolfo Malatesta in Rimini geführte Feldzug erregte vor diesem Hintergrund nicht nur seiner schrillen Propagandatöne wegen, sondern auch durch seine auf Vernichtung des Gegners gerichtete Strategie Befremden; am Ende war es schließlich die Republik Venedig, die ihrem ungeliebten Klienten Malatesta 1463 ein Rumpfterritorium rettete.

Im Rückblick betrachtet, waren diese Kämpfe Vorspiele gravierenderer Konflikte. In ausgeprägtem Gegensatz zu allen späteren Idealisierungen brachte ‹Lodi› keinen vierzigjährigen Glücks- oder auch nur Friedenszustand, sondern nur eine sehr relative Entspannung. Diese beruhte in hohem Maße auf politischem Vertrauensvorschuß, war also stark auf persönliche Beziehungen der Mächtigen untereinander gegründet. So aber verhieß das biologisch bedingte Ende der instrumentalen (nach dem Zeugnis ihrer Briefe zusätzlich wohl auch von persönlicher Wertschätzung getragenen) Altmännerfreundschaft zwischen Francesco Sforza und Cosimo de' Medici, der 1464 starb, nichts Gutes. Zwar lieferte Francescos charakterlich unsteter Sohn und Nachfolger Galeazzo Maria den Medici in der 1466 kumulierenden, existenzbedrohenden Nachfolgekrise wie gewohnt die entscheidende militärische Hilfe, doch wurden sein außenpolitisches Irrlichtern und sein hochfahrendes persönliches Gehabe schnell zu einem Faktor innerer und äußerer Entfremdung. Seine spektakuläre Ermordung beim Kirchgang des Stephanstages 1476 stellt sich somit als ein nachgerade vorhersehbares Ereignis dar.

Galeazzo Marias sprunghafte Diplomatie hatte Vertrauenskapital zerstört – mit der Folge, daß sich das erhöhte Sicherheitsbedürfnis der verschiedenen Staaten in Einzelallianzen niederschlug. Der 1474, drei Jahre nach einem neapolitanisch-venezianischen Bündnis ausgehandelte Dreierpakt zwischen Mailand, Florenz und Venedig isolierte in gefährlicher Weise wiederum das Neapel Ferrantes. Spätere Krisenherde und Einfalltore fremder Mächte zeichnen sich ab; und auch an ominösen Hilferufen an den französischen König fehlt es schon in dieser Zeit nicht. Doch wartet die ‹Große Spinne›, wie der gekrönte französische Meisterdiplomat schon von Zeitgenossen genannt wird, ab und beschränkt sich auf den Ausbau seines immer feiner gesponnenen Beziehungsnetzes zu den italienischen Mächten, zwischen bzw. über denen er immer mehr als eine Art Oberschiedsrichter fungiert – entgegen den Legenden von einer italienischen *splendid isolation* im Zeichen von Lodi. Doch auch in Italien behalten noch die Mächte der Mäßigung, vertreten durch die Gonzaga in Mantua, die Este in Ferrara und vor allem Lorenzo de' Medici in Florenz, die Oberhand.

Nach Überzeugung des großen Florentiner Patrizierhistorikers Francesco Guicciardini (1483–1540) wäre das auch so geblieben, wenn nicht das Papsttum von einem Faktor des Ausgleichs zu einem Herd der Unruhe geworden wäre – eine emotional hochbefrachtete Schuldzuweisung, die gleichwohl in manchem einer nüchternen Nachprüfung standhält. Dieser für fromme Zeitgenossen bestürzende Wandel zeichnet sich schon im Pontifikat Pius' II. Piccolomini (1458–1464) ab. Als Machtpolitiker reinsten Wassers verschafft der meist nur durch seine herausragenden Leistungen als Humanist und durch sein – vergebliches – Bemühen um einen Kreuzzug bekannte Papst aus altadeliger Sippe Sienas seinen vielen Verwandten einen Platz unter den führenden Familien Italiens; diesem persönlichen und dynastischen Selbstverständnis verleiht die Neugründung seines Geburtsdorfes Corsignano als Pienza, Pius-Stadt, mit Kathedrale, Bischofs- und Familienpalast zwischen 1459 und 1463 beredten Ausdruck. Der von Pius eingeleitete Großnepotismus erfährt im übernächsten Pontifikat einen weiteren Entwicklungsschub. Der aus bescheidenen Verhältnissen der ligurischen Stadt Savona stammende Papst Sixtus IV. della Rovere (1471–1484) überschreitet durch die Ernennung von sechs Nepoten zu Kardinälen alle geltenden Normen eklatant und betreibt die Errichtung eines eigenen Nepotenstaates in der Romagna.

Die Umsetzung dieser hochfliegenden Pläne zeigt modellhaft, wie sich äußere und innere Krisen im Italien der Renaissance verschränken. Dem Erwerb der Stadt Imola nebst Umland für den Nepoten Girolamo Riario nämlich widersetzte sich Lorenzo de' Medici, der damit florentinische Staatsinteressen verteidigte; diese wiederum kollidierten mit seinem ‹privaten› Amt eines päpstlichen Generaldepositars, als welcher er dem Heiligen Vater die Konten führte. Verletzt wurde in diesem Konflikt der ‹Geist von Lodi› gleich mehrfach. So bot Sixtus den von der Vorherrschaft der Medici geschädigten Verschwörern aus den Familien Pazzi und Salviati seine logistische Unterstützung beim geplanten Anschlag auf die Brüder Lorenzo und Giuliano de' Medici an, der am 26. April 1478 ausgerechnet während der Messe im Florentiner Dom stattfinden sollte. Nach dem halben Fehlschlag des Attentats, dem Giuliano zum Opfer fiel, Lorenzo aber leicht verletzt entrinnen konnte, kam es in Florenz zu blutiger, von den Medici angefachter Lynchjustiz. Diese wiederum eskalierte zum Krieg zwischen Rom und Neapel auf der einen, Florenz auf der anderen Seite. Gelöst wurde die Krise schließlich durch spektakuläre persönliche Reisediplomatie, nämlich durch die Fahrt Lorenzos de' Medici nach Neapel, wo er im März 1480 König Ferrante ohne allzu große Mühe aus dem Bündnis mit dem Papst herauszulösen und damit den Frieden einzuleiten vermochte. Ein weiteres nepotistisches Großprojekt, der Versuch, Girolamo Riario zum König von Neapel zu erheben, sowie Unstimmigkeiten mit Ercole d'Este, dem Herzog von Ferrara, trieben Sixtus IV. kurz darauf zu einer aller politischen Vernunftregeln spottenden Allianz mit Venedig, das auf das Herzogtum der Este seit langem begehrliche Blicke warf. Das Gegenbündnis von Mailand, Florenz und Neapel vermochte die venezianischen Truppen, die 1482 bereits die Vorstädte von Ferrara verwüsteten, in letzter Minute zurückzudrängen und damit den Sturz der ältesten Herrscherdynastie Italiens zu verhindern.

Als Zentrum italienischer Ausgleichspolitik profiliert sich in der Folgezeit immer mehr Florenz, wo Lorenzo de' Medici nach anfänglichen Unstimmigkeiten den neuen Papst Innozenz VIII. Cibo (1484–1492) ebenso unkonventionell wie wirkungsvoll – nämlich durch die Heirat des Papstsohnes Franceschetto Cibo mit seiner Tochter Maddalena – an seine Interessen zu binden vermag, natürlich nicht ohne Vorteile für sein eigenes Haus.

1488 wird seinem dreizehnjährigen Zweitgeborenen Giovanni ein Kardinalat reserviert, das für die Geschichte der Medici wie Europas noch folgenreich werden sollte. Meisterhafter Mythenbildner in eigener Sache, handelt Lorenzo nicht, wie sein kunstvoll inszeniertes Image allenthalben verkündet, als ebenso autonomer wie souveräner Oberdiplomat Italiens, sondern eher als ein rastlos getriebener Krisenmanager. Ab den 1490er Jahren aber stößt selbst dieser Aktionismus an Grenzen. Die politischen Löcher, die sich immer weniger stopfen lassen, klaffen in Neapel und in Mailand.

1485/86 verschwören sich führende Barone des Königreichs Neapel gegen ihren ungeliebten Oberherrn Ferrante, der das Komplott mit drakonischer Härte unterdrückt und dadurch die Stellung der nie allzu fest verwurzelten aragonesischen Dynastie weiter untergräbt. Auflösungserscheinungen zeigen sich auch in Mailand – bezeichnenderweise ebenfalls an einem Ort ohne altetablierte Herrscherfamilie. Zudem liegen offizielle und tatsächliche Macht hier bis 1494 nicht in derselben Hand. Denn hinter dem Rücken seines jungen herzoglichen Neffen Gian Galeazzo Sforza (1469–1494) zieht *de facto* Ludovico, genannt il Moro (1451–1508, Herzog ab 1494), die Fäden, und zwar ziemlich undurchsichtige. Ehrgeizig und zugleich von zweifelhafter Legitimität, hat er wenig zu verlieren und viel zu gewinnen – denkbar ungünstige Voraussetzungen für italienische Friedenspolitik. Speziell die Beziehungen zu Ferrante verschlechtern sich rapide. Ab 1492 spielt Ludovico, gemessen an den Regeln von Lodi, alles oder nichts, versucht er doch, den mit ihm verbündeten französischen König Karl VIII. zur Rückgewinnung des Anjou-Erbes in Neapel zu überreden. Der dadurch akut bedrohte Ferrante knüpft die Bande zu Florenz enger und nähert sich dem Papst an. So spannungsgeladen die allgemeine Lage auch ist, außer Kontrolle gerät sie erst nach dem Tode der Protagonisten in Florenz und Rom im April bzw. Juli 1492.

Lorenzos Sohn Piero de' Medici verspielt binnen kurzem das hohe persönliche Prestige des Vaters, verprellt weite Kreise der florentinischen Oberschicht und flüchtet sich dementsprechend in – dilettantisch betriebene – riskante Außenpolitik. Am Tiber schließlich erfährt mit der Wahl Alexanders VI. Borgia, Neffe Kalixtus' III., im August 1492 der auf Errichtung eigener Familienfürstentümer gerichtete territoriale Nepotismus nochmals eine Steigerung. Mit seinen vielen legalisierten leiblichen Nachkommen nach den Maßstäben der Zeit alles andere als ein Heiliger, fällt dieser in Spanien geborene, in seinem Rollenverständnis jedoch ganz und gar italianisierte Papst weit weniger aus dem Rahmen des Zeitüblichen heraus, als die schwarze Borgia-Legende bis heute so wirkungsvoll verkündet. Kurtisanenballett im Papstpalast, Inzest mit seiner Tochter Lucrezia, Kardinalsvergiftungen am laufenden Band – all das darf getrost in den Bereich der Mythenbildung verwiesen werden. Ein skrupelloser Machtpolitiker im Interesse seiner Familie aber ist Alexander VI. allemal – entsprechend zahlreich die Feinde der Borgia. Die einflußreichsten von ihnen fordern am Hof Karls VIII. seine Absetzung durch ein Konzil.

Zwischen Frankreich und Spanien

Im Klima wachsenden Mißtrauens schlägt 1493/94 die Stunde der Diplomaten mit zahlreichen Manövern und Intrigen vor und hinter den Kulissen. Die Lage spitzt sich weiter zu, als König Ferrante im Januar 1494 stirbt und ihm mit Alfonso II. von Aragon ein König nachfolgt, der als ebenso kriegserprobt wie durchsetzungsfähig bekannt und den Baronen daher ein Dorn im Auge ist. Außer Venedig, das neutral abseits steht, hat jetzt keine italienische Großmacht mehr ein Interesse an der Aufrechterhaltung des Status quo. Entsprechend mühelos verläuft zunächst der Feldzug Karls VIII., der nach nervenaufreibenden Verzögerungen sein Heer im Spätsommer 1494 endlich Richtung Italien marschieren läßt. Im November 1494 bezahlt Piero de' Medici seine kopflose Politik der Anbiederung an Frankreich in letzter Minute mit der Vertreibung aus Florenz. Geschickter stellt es Alexander VI. an, der den ursprünglich mit seiner Absetzung liebäugelnden Monarchen für sich einzunehmen versteht. Das Ziel der ganzen Unternehmung, die Einnahme Neapels und die Krönung Karls VIII. zum König, wird kurz danach auffallend leicht erreicht.

Doch seine Herrlichkeit vergeht schnell. Die verbliebenen italienischen Großmächte nämlich fanden sich gewissermaßen fünf nach zwölf doch noch zu einer ‹patriotischen›, d.h. antifranzösischen großen Koalition zusammen, allerdings ohne Florenz. Dort hatte sich nach der Exilierung des Hauptzweiges der Medici eine neue Republik herausgebildet, die sich auf die alte Elite und eine breite Mittelschicht stützte und stark von den endzeitlichen Bußpredigten des Dominikanerpriors Savonarola beeinflußt wurde.

Im Juli 1495 trifft das zurückmarschierende französische Heer bei Fornovo auf die Armee der Liga. Deren Feldherr Francesco II. Gonzaga erklärt sich nach für beide Seiten verlustreichem Gefecht zum Sieger und begründet damit einen jahrzehntelangen Ruhmeskult in eigener Sache. Zu Unrecht, wie die Militärhistoriker heute sagen. Auch wenn sie im nachhinein eher die Franzosen als Gewinner der Schlacht sehen, ziehen diese aus Italien ab. Fast schien es, als sei nichts gewesen. Ebenso rasch, wie sie stürzte, wird die Herrschaft der Aragonesen im Süden wiederhergestellt. Die Mühelosigkeit der Restauration aber zeigt den schärfer blickenden Zeitgenossen an, wie austauschbar dort die oberste Machtebene geworden ist. Der vierte und letzte argonesische König in nur gut zwei Jahren, Federico, wird 1496 gekrönt und wenige Jahre später mit einer Pension in den Ruhestand geschickt.

Und doch hat sich die Lage grundlegend verändert. Eine Hemmschwelle ist überschritten und eine gefährliche Illusion geboren: daß sich die fremden Herrscher als nützliche Gehilfen für die eigenen Zwecke einspannen und gegebenfalls wieder wegschicken lassen. Diese aber haben naturgemäß andere Vorstellungen. Der neue französische König Ludwig XII. aus dem Haus Orléans zieht 1499 nach Italien, um das seinem Geschlecht 1450 vorenthaltene Erbe Mailand an sich zu bringen. In der Stunde der Not macht Ludovico Sforza, seit dem (geheimnisumwitterten) Tod seines Neffen 1494 als Herzog am Ziel seiner Wünsche, dieselbe Erfahrung wie zuvor die Aragonesen im Süden: Die Mailänder Oberschicht sieht interessiert, aber weitgehend tatenlos seiner Vertreibung, Rückkehr und endgültigen Deportation in ein französisches Gefängnis zu, wo er 1508, bereits weitgehend vergessen, stirbt.

Durch die gemeinsame Gegnerschaft zu den Sforza schmiedet sich das Bündnis zwischen Ludwig XII. und Alexander VI. fast von selbst. Die großen römischen Baronalfamilien Colonna und Orsini konnten die Borgia nach anfänglichen Mißerfolgen noch aus eigener Kraft enteignen; bei ihren kühneren Plänen, die auf die Errichtung eines Fürstentums Romagna abzielen, aber brauchen sie französische Waffenhilfe. Mit dieser führt der Papstsohn Cesare Borgia seinen berühmten (von Machiavelli in seinem Buch vom Fürsten verewigten) Feldzug gegen die romagnolischen Stadtherren, der teilweise einer Ausrottungskampagne gleichkommt. Nach dem Tode Alexanders VI. im August 1503 aber heißt es: wie gewonnen, so zerronnen. Die Interessen des Papsttums als Institution standen einem erblichen Borgiaterritorium auf Kirchenstaatsgebiet unüberwindlich entgegen.

Bleibt die Eroberung der Romagna eine spannende Episode, so entscheidet sich das politische Schicksal Süditaliens um dieselbe Zeit für zwei Jahrhunderte. Im Kampf der gleichermaßen auf ihr Erbe pochenden Großmächte Frankreich und Spanien setzt sich die Feldherrnkunst des spanischen Großkapitäns Gonzalo Fernandez de Cordoba in der Entscheidungsschlacht am Garigliano 1503 durch. In der Folgezeit gelegentlich aufflackernde profranzösische Aufstände haben nur noch Umgruppierungen innerhalb der hohen Aristokratie zur Folge, besonders ausgeprägt 1528. Um die Mitte des 16. Jahrhunderts aber ist die Machtverteilung zwischen den spanischen Vizekönigen in Neapel bzw. Palermo und den großen Feudalfamilien geregelt, und zwar in einer Art und Weise, die beide Seiten langfristig zufriedenstellt: Die Barone erhalten weitgehend unumschränkte Herrschaft in ihren Lehen und schulden Spanien dafür Loyalität.

Austragungsort der französisch-spanischen Hegemoniekämpfe wird statt dessen die Lombardei. Hier kommt es zwischen 1512 und 1515 zu einer originellen Erweiterung des

Mächtediagramms. Unversehens nämlich treten die Schweizer, genauer: regierende Stände (Kantone) der Eidgenossenschaft auf den Plan, und zwar nicht mehr in (hochbezahlten) Solddiensten, sondern in eigener Sache. Wie es Machiavelli im Briefwechsel mit seinem Freund Francesco Vettori um dieselbe Zeit sinngemäß sagt: Der Appetit kommt beim Essen. Im Juni 1513 siegen die Schweizer bei Novara in offener Feldschlacht gegen die Franzosen und übernehmen kurzerhand die Herrschaft in Mailand; der nominell regierende Herzog Massimiliano Sforza ist wenig mehr als eine Galionsfigur. Die Mailänder Oberschicht wartet weiterhin ab und zieht ihre Schlüsse – positive. Das wilde Bergvolk stellt sich als zivilisiert heraus; nie sah man die Straßen Mailands so sauber. Das Patriziat erwägt ernsthaft ein Beitrittsgesuch als vierzehnter Kanton. Doch dazu kommt es nicht; langfristig sind die Ressourcen der neuen Herren zu klein und ihre inneren Unstimmigkeiten zu groß. Nach dem zweitägigen Gemetzel bei Marignano im September 1515, wo die französische Artillerie die unverdrossen anrennende eidgenössische Phalanx zusammenkartäscht, sind die Großmachtträume ausgeträumt und die Franzosen am Zuge – für die nächsten sechs Jahre. 1521 haben die Spanier wieder die Oberhand, die Massimilianos Bruder Francesco Sforza einsetzen, auch er ein Schattenherzog. 1524 von den Franzosen vertrieben, darf er nach dem Sieg Karls V. über Franz I. bei Pavia im Februar 1525 zurückkehren und weitere zehn Jahre lang seinen Namen unter spanische Beschlüsse setzen. Nach dem Aussterben der Sforza im Jahre 1535 fällt Mailand als erledigtes Lehen an das Reich und wird danach an Karls Sohn Philipp verliehen. Wenngleich die französischen Ansprüche erst im Frieden von Cateau-Cambrésis 1559 endgültig aufgegeben werden, sind auch in der Lombardei die Würfel ab 1525 zugunsten Spaniens gefallen.

Daß die Tage eigener Großmachtpolitik unwiderruflich vorbei sind, muß auch die Republik Venedig erkennen, die mit den fremden Invasionen bislang gut gefahren war. Fast wie aus dem Nichts fand sich 1508 eine europäische Allianz um Frankreich, den Kaiser und den Papst gegen die Markusrepublik zusammen, deren Expansion und arrogantes Auftreten die europäischen Großmonarchien nicht länger dulden mochten. Ihr Heer rückte nach dem leichten Sieg bei Agnadello, wo Francesco II. Gonzaga 1509 seinen künstlich erworbenen Feldherrnruhm einbüßte, unaufhaltsam bis an den Rand der Lagune vor. Weiter kam es allerdings nicht. Die erhofften inneren Unruhen in der amphibischen Stadt blieben aus, im Gegensatz zur *terraferma*, wo große Teile der lokalen Eliten mit fliegenden Fahnen zum Feind überliefen. Anreiz dazu war auch hier die Hoffnung, durch einen Austausch der obersten Herrschaftsebene mehr örtliche Autonomie zurückzugewinnen. Für die regierenden Kreise im Dogenpalast war der Abfall ihrer milde regierten italienischen Untertanen ein Schock, der lange nachhallte, selbst nachdem bis 1517 die meisten verlorenen Gebiete durch geschickte Diplomatie zurückgewonnen worden waren. Die Folge aber war keine Politik der harten Hand, sondern, im Gegenteil, ein weiterer Ausbau klientelärer und kommunikativer Beziehungen zwischen Venedig und den Oberschichten der großen *terraferma*-Städte Verona, Padua, Vicenza und Bergamo.

Auch den übrigen Großmächten bleiben im Zeichen der neuen Machtverhältnisse schmerzhafte Lernprozesse nicht erspart. Im Spätsommer 1512 stürzt die florentinische Republik weitgehend widerstandslos beim Herannahen eines spanischen Heeres, das Papst Julius II., der Neffe Sixtus' IV., Richtung Arno dirigiert hatte. Die guten Beziehungen des an der Kurie allseits beliebten Kardinals Giovanni de' Medici zum zweiten Della-Rovere-Papst zahlten sich damit aus. Fünfzehn Jahre lang regieren die in ihre Heimat zurückgeführten Medici jetzt Florenz in republikanischen Formen, aber mit immer fürstlicherem Gebaren und entsprechend schwindendem Anklang bei der Oberschicht. Ihr sind vor allem die in Medici-Diensten emporgekommenen neuen Männer, die jetzt das Sagen haben, gründlich verhaßt.

Zudem sieht sich die stolze Stadt am Arno in unerträglicher Weise gegenüber dem verachteten Rom zurückgesetzt. Dort herrschen jetzt, nur vom kurzen Pontifikat des Niederländers Hadrian VI. (1521–1523) unterbrochen, zwei Jahrzehnte lang zwei Medici als Päpste (1513–1534). Entgegen seinem bis heute vorherrschenden Image als jovialer Kunstmäzen und -genießer ist der erste von ihnen, Giovanni de' Medici, der 1513 im sensationell jugendlichen Alter von siebenunddreißig Jahren als Leo X. den Stuhl Petri besteigt, ein kühl kalkulierender Machtpolitiker. Die Strategien des Hauses Medici wie die des Papsttums als Institution fallen insofern zusammen, als für beide ein dritter Weg, der zu enge Abhängigkeit von Frankreich wie von Spanien gleichermaßen vermeidet, dringend erwünscht erscheint. Ihn hatte sich schon Julius II. unter der hochtönenden Parole «Italien den Italienern» einzuschlagen bemüht, als er mit Hilfe der Schweizer die Franzosen aus der Lombardei zurückzudrängen versuchte – was letztlich, wie gesehen, den Eidgenossen selbst und den Spaniern zugute kam. Dementsprechend bemüht sich Leo X. mit allen Mitteln, 1519 die Wahl des spanischen Königs Karl zum Römischen König und damit zum designierten Kaiser zu verhindern – vergeblich. Auch sein Bestreben, den in Italien immer noch territorienlosen Medici ein eigenes unabhängiges Fürstentum – wohlgemerkt außerhalb des chronisch instabilen Florenz – zu verschaffen, schlägt langfristig fehl. Zwar gelingt es ihm 1519, die Della Rovere, durch Adoption Erben der Montefeltro, aus ihrem Herzogtum Urbino zu vertreiben, doch kehren die rechtmäßigen Herrscher nach dem Pontifikatsende 1521 zur allgemeinen Genugtuung in ihre Hauptstadt zurück.

Im Gegensatz zu seinem leichtlebigen Vetter Giovanni grüblerisch-introvertiert und, wie sein informeller Außenminister Francesco Guicciardini in einer beklemmend eindrucksvollen Charakterstudie festhält, chronisch entscheidungsschwach, setzt der zweite Medici-Papst Clemens VII. (1523–1534) im Hegemoniekrieg zwischen Frankreich und Spanien 1526 auf die gegen Karl V. gerichtete Koalition und bezahlt diesen Fehler 1527 mit der großen Plünderung Roms und der erneuten Vertreibung der Medici aus Florenz. Beides läßt sich, etwas zynisch ausgedrückt, binnen kurzem reparieren. Die Bestialität, mit der die überwiegend deutschen und spanischen Söldner ab Mai 1527 die Ewige Stadt verwüsten, morden, Geiseln nehmen und Bücher verbrennen, erregt das Entsetzen der Intellektuellen, deren Wehklagen über das Zerstörungswerk der Barbaren sich bis zur Totenklage über ein gemeucheltes Zeitalter des Kulturfrühlings steigern. Bei nüchterner Betrachtung aber ist der Sacco di Roma kein historischer Einschnitt – nicht für die päpstliche Politik, nicht einmal für die demographische Entwicklung des gequälten Rom, das schon ein Menschenalter danach seine Bevölkerung auf etwa einhunderttausend Einwohner verdoppelt hat. Und noch viel weniger markiert das makabre Ereignis, wie gelegentlich zu lesen, das «Ende der Renaissance».

Sehr wohl aber bezeichnet das Jahr 1527 den Beginn des politischen Übergewichts Spaniens in Italien. Dagegen vermag sich auch das in Florenz an die Macht gekommene republikanische Mittelstandsregime nicht zu behaupten, das im Geiste des 1498 verbrannten Propheten Savonarola die Königsherrschaft Christi auf Erden verkündet und gegen Abweichler in den Reihen der alten Oberschicht mit aller Härte vorgeht. Sein Sturz durch ein spanisches Heer beseitigt im August 1530 den letzten Fremdkörper in der italienischen Staatenwelt.

Ab 1537 regiert am Arno mit Cosimo I. (1519–1574), zweiter Herzog von Florenz und ab 1569 erster Großherzog von Toskana, der tatkräftigste und erfolgreichste Herrscher Italiens im 16. Jahrhundert. Seine Politik führt modellhaft Fixpunkte und Spielräume im neu ausgestalteten Kräftediagramm Italiens vor. Durch unwandelbare Bündnistreue gegenüber Spanien und enge Anlehnung an Rom und das Papsttum gelingt es dem Begründer des Medici-Prinzipats, die anfänglich bedrohte Eigenständigkeit seines Territoriums zu sichern, ja seinen Staat zu einer in Europa geachteten Macht zu erheben. Und auch im Inneren werden die Weichen auf Dauer gestellt – nicht in Richtung auf einen ominösen ‹Absolutismus›, sondern für eine sorgfältig ausbalancierte neue Ordnung. Innerhalb dieses auf Dauer stabilisierten Gefüges wird dem Herrscher die Ebene der großen Politik – Entscheidungen über Krieg und Frieden, die Auswahl der führenden Amtsträger und dazu Propaganda-Hegemonie im Rahmen des Hofes –, den großen alten Familien von Florenz aber das Monopol auf die Führungspositionen, auf soziale Exklusivität und Dominanz gegenüber den mittleren und unteren Schichten übertragen.

In der sich jetzt für lange Zeit verfestigenden staatlichen Ordnung ist kaum noch Platz für Neuankömmlinge. Nur den Farnese, Nepoten Papst Pauls III. (1534–1549), gelingt noch, gewissermaßen in letzter Minute, die von so vielen Papstverwandten meist vergeblich angestrebte Staatengründung auf Dauer – allerdings um einen hohen Preis. 1545 gegen den Willen Karls V. zum Herzog von Parma und Piacenza erhoben, fällt Pier Luigi Farnese schon zwei Jahre später einem Attentat zum Opfer, mit Wissen des Kaisers. Dennoch vermag sich die Dynastie Farnese nach schweren Kämpfen bis zum Aussterben im Mannesstamm 1731 als italienische Mittelmacht zu behaupten. Auch an den Rändern rundet sich das neue Italien im Zeichen der Pax Hispanica. Nach nahezu ununterbrochenen inneren Unruhen und Umstürzen in den letzten zweieinhalb Jahrhunderten erlebt die Republik Genua ihr ureigenes Stabilisierungswunder. Ab 1528 nämlich schweißt Andrea Doria, Admiral an der Seite Karls V. und allmächtiger Gesetzgeber im Inneren, die chronisch zerstrittenen Clans der Republik zu einer einheitlichen Trägerschicht der neuformierten Republik zusammen. Als letztes Gebiet von Belang fügt sich Piemont nahtlos in die neue Ordnung ein. Nach inneren und äußeren Auflösungserscheinungen seit dem Ende des 15. Jahrhunderts ersteht das savoyische Territorium ab 1557/59 unter dem eng an Spanien angelehnten Herzog Emanuele Filiberto neu. 1564 erhält die locker verfugte Gebietsagglomeration zwischen Chambéry, Nizza und Aosta mit Turin eine wirkliche Hauptstadt und damit langfristig ausbaufähige innere Strukturen. Der letzte, bezeichnenderweise von einem nepotistischen Papst aus Neapel, Paul IV. Carafa (1555–1559), unternommene, rasch scheiternde Versuch, die spanische Vorherrschaft in Italien zu stürzen, ist wenig mehr als ein Epilog auf ein zu Ende gehendes Zeitalter.

Ergebnisse und Ende einer Epoche

Mußte es so kommen? Oder, mit Francesco Guicciardini gefragt: Mußte es so weit kommen, daß fremde Mächte über die Geschicke eines Italien entscheiden, das seiner Selbstbestimmung und seiner Freiheit verlustig geht? Seine Antwort: nein. Wenn sich die Mächtigen Italiens auch nach 1490 größere Selbstbeschränkung bei der Verfolgung eigennütziger Ziele auferlegt hätten, dann wäre das Land nicht von der ragenden Höhe des militärischen, kulturellen, politischen und wirtschaftlichen Glückszustandes des Jahres 1490 in den Abgrund seiner Geschichte gestürzt. Bis in unsere Tage speziell von nationalgesinnten Historikern in der Tradition des Risorgimento, der nationalen Einigungszeit im 19. Jahrhundert, gerne nachgeschrieben, ist die Erklärung des scharfsinnigsten Historikers der Renaissance zugleich ernstzunehmen und einzuschränken. So stark die politische Entwicklung hin zu den französischen Interventionen ab 1494 von personalen Faktoren bestimmt ist, so unvermeidlich stellt sie sich im Großen dar. Frankreich und Spanien hatten am Ende des 15. Jahrhunderts innere Konsolidierungsprozesse durchlaufen, die die Macht der Krone stärkten und damit die Einforderung seit langem bestehender Erbansprüche ermöglichten. Die innere Auflösung des – ohnehin immer sehr fragilen – Systems von Lodi hat diesen Prozeß nur beschleunigt. Und zudem ist das Italien des Jahres 1559, unter das der Frieden von Cateau-Cambrésis sein für lange Zeit gültiges Siegel setzt, kein von Fremdherrschaft versklavtes, kein staatlich verarmtes und erst recht kein kulturell unterjochtes Land. Gewiß, Neapel, Sizilien und das Herzogtum Mailand unterstehen jetzt einem fremden Monarchen. Doch bleiben unterhalb der spanischen Herrschaftsstellvertreter die einheimischen Eliten in allen Schlüsselpositionen von Verwaltung und Rechtsprechung unter sich. Mehr noch, ihnen wird kein neuer Lebensstil aufgezwungen: Daß der unbarmherzige spanische Steuerdruck in den italienischen ‹Kolonien› zusammen mit spanischem Adelsstolz die italienischen Oberschichten zum Rückzug aus ihren jahrhundertelang gepflegten wirtschaftlichen Tätigkeitsfeldern Handel, Bank und Textilherstellung zwingt, ist längst als Mythos entlarvt. Im Gegenteil: Der von Spanien garantierte Friede treibt nach 1530 die Konjunktur kräftig an und die Produktionsziffern nochmals für Jahrzehnte nach oben.

Allenthalben sitzen jetzt die Eliten, deren Kern sich schon zu Beginn des 15. Jahrhunderts ziemlich klar herausgebildet hatte, fest im Sattel; wer jetzt noch in sie aufsteigen möchte, muß meist lange warten, muß in jedem Fall das Nadelöhr rigoroser Kooptation, d. h. Selbstergänzung, durch die bereits etablierten Familien passieren. Und auch die Staatenlandschaft weist Stabilität, aber beileibe keine erzwungene Gleichförmigkeit auf. Die mittleren Mächte von der Größenordnung Mantuas, Ferraras oder Urbinos überleben die politisch-militärischen Erschütterungen zwischen 1494 und 1527 weitgehend unbeschadet oder, wie im Falle der Gonzaga, doch nur leicht dezimiert. Selbst die Herren von Kleinstterritorien durften jetzt, nachdem sich der Sturm verzogen hatte, wieder mutig ihr Haupt erheben. Vermieden sie den fatalen Irrtum der Pio da Carpi, die als Inhaber eines Reichslehens auf Frankreich statt auf den Kaiser setzten und dadurch 1525 ihre Herrschaft verloren, so fanden sie im neuen Italien durchaus ihren bescheidenen, aber gesicherten Platz. Garant dafür war im Italien Karls V. nicht primär die politische oder militärische Selbstbehauptungskraft, sondern stärker denn je ein sehr traditionelles Kriterium: altverbriefte Legitimation. Das gilt selbst für die Vasallen und Vikare des Papstes, sofern sie den Attacken Cesare Borgias zu entrinnen vermochten – etwa für die Herzöge von Urbino, die bis zu ihrem biologischen Erlöschen im Jahre 1631 weiter herrschen dürfen, allerdings immer weniger beachtet in ihrem ebenso abgelegenen wie armen Gebirgsterritorium. Ein neuer Federico da Montefeltro, der der kleinen Stadt am Abhang des Apennin durch seine Honorare als *condottiere* für zwei Jahrzehnte den Atem eines Weltkulturzentrums einzuhauchen vermochte, trat nicht mehr auf den Plan. Für Gestalten wie ihn bot Italien nach der Renaissance keinen Raum mehr.

Ab etwa 1560 nämlich treten die Elemente eines Epochenwandels, die Züge eines neuen Zeitalters immer deutlicher hervor. Dieses wird in steigendem Maße von Rechtglaubigkeitsregeln, vom Vorrang der Konfession bestimmt. Dieser Wandel vollzieht sich in ganz Europa, ob in katholischen, lutherischen oder calvinistischen Gebieten. Vieles spricht dafür, daß dieses Konfessionelle Zeitalter in Italien, was die Einschärfung und Durchsetzung religiöser Orthodoxie und die damit aufs engste verknüpften Prozesse sozialer Disziplinierung betrifft, eine relativ abgeschwächte Ausprägung erfährt: Wiederum stehen zäh behauptete lokale Autonomien, aber auch Kernelemente humanistischer Kultur, etwa das Streben nach individueller Selbstausbildung, dazu korporative Freiräume auf allen Ebenen, aber auch die Widerständigkeit volkstümlicher Kultur und Lebenswelt einer uneingeschränkten Hegemonie der Konfession unübersteigbar entgegen.

IV. Staaten und Eliten

Die Signorie: Geschichte und Gestalt

Monarchien und städtische Gemeinwesen gibt es überall in Europa, Signorien nur in Italien. Und zwar, formaljuristisch betrachtet, ab 1264. In diesem Jahr nämlich überträgt die Kommune Ferrara in einer feierlich inszenierten Volksversammlung Obizzo II. d'Este die unumschränkte Herrschaft über die Stadt. Die Zeremonie sollte unter Beweis stellen, daß die Einsetzung des Stadtherrn aus dem ureigenen Willen der Bürger heraus geschah. Auch wenn ein solches ‹Parlament› vom langen Arm des neuen Machthabers arrangiert und insofern alles andere als freiwillig war, ist der dahinter stehende legitimatorische Gestus ernst zu nehmen. Er bezeichnet, wie erwähnt, die Verwandlung der Stadtrepublik in eine adäquatere, da Frieden gewährleistende Form, verpflichtet den Herrscher aber gerade dadurch zur Bewahrung von Geist und Zweck der Kommune. So ist es nur konsequent, daß die alten kommunalen Strukturen unter der Signorie fortleben, allerdings auf kleiner Flamme, d. h. auf administrative Routineaufgaben beschränkt. Doch ist die Rückgewinnung ihrer vollen Kompetenzen nicht ausgeschlossen. Zum Beispiel, wenn sich der *signore* desavouiert hat oder die regierende Dynastie ausgestorben ist. Signorien werden auch dann keine ‹normalen› fürstlichen Herrschaften, wenn wie im Falle der Gonzaga in Mantua oder der Visconti in Mailand vom Reich Marchese- oder Herzogtitel erworben werden. Zudem sind sie stärker als andere politische Systeme an ihren Ursprungsort gebunden. Mögen die Visconti, die erfolgreichsten aller *signori*, noch so viele weitere Metropolen und regionale Zentren hinzugewinnen, so ist deren Status innerhalb des Herrschaftsverbundes doch nie dem Mailands vergleichbar – die alte Hauptstadt behält ihren realen und symbolischen Vorrang nebst entsprechenden Privilegien auf Dauer. Und zwar aus gutem Grund: Hier nämlich liegt das Loyalitätszentrum der Signorie, der durch wechselseitige Interessenbande zwischen *signore* und Eliten am stärksten gesicherte Herrschaftskern, auf den auch dann noch Verlaß ist, wenn die später dazugekommenen Gebiete bereits abgefallen sind – Krisenerfahrungen, die auch den mächtigen Visconti ab 1402 nicht erspart bleiben.

Vom Zentrum zur Peripherie ist somit in allen Signorien ein Machtgefälle nachweisbar. Am schwächsten ist die Stellung des Herrschers in Städten, die ihre politische Eigenständigkeit mehr oder weniger nominell zugunsten eines fremden, nicht in ihr residierenden *signore* aufgeben. Eine solche – *de facto* meist zeitlich befristete – Lösung bot für im Inneren chronisch zerstrittene Städte wie Lucca in der ersten Hälfte des 14. Jahrhunderts handfeste Vorteile: Selbst durch einen Statthalter ausgeübt, reichte die Autorität eines Visconti in Mailand in der Regel aus, um die Selbstzerfleischung der konkurrierenden Netzwerke zu stoppen. Auf der anderen Seite war diese Macht indirekt genug, um dem Luccheser Patriziat das zu sichern, was ihm am meisten am Herzen lag: weitreichende lokale Autonomie und die Hoheit über den *contado*, das ländliche Herrschaftsgebiet. Auf dieses war jede italienische Stadt von einiger Bedeutung seit dem 11. und 12. Jahrhundert essentiell angewiesen: zur politischen Selbstbehauptung, aus elementaren Versorgungszwängen sowie als Einnahme- und Prestigequelle der Oberschicht.

Übergangs- und Grauzonen der Signorie treten noch in anderer Hinsicht auf. Nicht immer nämlich wird die *plena potestas*, die volle Macht inklusive der Kompetenz, die Statuten, also das Grundgesetz der Kommune, nach Belieben zu ändern, mit so unmißverständlicher Eindeutigkeit an den *signore* abgetreten wie in Ferrara oder in Mantua. So wie es schon in der ersten Hälfte des 13. Jahrhunderts ‹informelle› Einzelherrschaften gab, denen zur vollen Stadt- und Regionalherrschaft nur die ausdrückliche Machtübertragung nebst Titel fehlte, so bilden sich solche ‹Quasi-Signorien› weiterhin auch in der Renaissance heraus. Schon die Zeitgenossen standen angesichts der politischen Strukturen von Florenz nach 1434 vor einem Dilemma, nämlich vor einem Herrschaftsgebilde, das sich einer simplen

Etikettierung entzog (und sich ihr bis heute verweigert). Orientierte man sich an den offiziellen Einrichtungen und propagandistischen Verlautbarungen, dann waren die Medici zugleich Inkarnation und Garant des Freistaates, der unter ihrer segensreichen Ausbalancierung ausgewogener denn je Bestand hatte. Doch war für kritische Betrachter unübersehbar, daß sich die Republik unter der Vorherrschaft der Medici im Interesse einer klientelär sortierten Interessengruppe zumindest verengt hatte; Feinde des neuen Systems sprachen sogar von einer verschleierten Tyrannis. Ähnliche Misch- oder Zwitterformen gibt es im 15. Jahrhundert in vielen großen und kleinen Städten Italiens, etwa im Bologna der inoffiziellen Bentivoglio-Signorie oder im Siena der gleichfalls nicht offen erklärten Vorherrschaft Pandolfo Petruccis.

Wie durchlässig die Grenzen zwischen Republik und Einzelherrschaft sind, zeigt sich daran, daß aus der Fülle der im 12. und 13. Jahrhundert bestehenden Kommunen nur eine einzige, nämlich Venedig, nicht *signorie*-anfällig wird. Wiederum global betrachtet, überwiegen insgesamt die temporären, oft auf Lebenszeit eines mächtigen *signore* eingerichteten Einzelherrschaften, nach deren Abschaffung dann wieder, ein wenig salopp ausgedrückt, kommunales *business as usual* einsetzt – bis zum nächsten Pazifizierungsversuch durch einen neuen Oberherrn. Für dieses pausenlose Auf und Ab steht modellhaft die Republik Genua, die im 14. und 15. Jahrhundert den Fundus verfügbarer *signori* mit eher unbefriedigendem Ergebnis ausschöpft – selbst der König von Frankreich mußte sich dieses *hire and fire* gefallen lassen.

Dauerhafte, im eigentlichen Wortsinn dynastische Herrschaftsbildung dürfte vor und während der Renaissance unter ganz bestimmten Voraussetzungen am besten gelingen. Deren wesentlichste ist sozialgeschichtlicher Art und widerlegt zugleich den Mythos vom *signore* als wurzellosem Parvenü. Positiv und wiederum leicht ironisch ausgedrückt: Der künftige *signore* kommt aus dem Schoß der Kommune, genauer: seine Familie entstammt fast immer der bereits in der Kommune etablierten Führungsschicht – seltener (wie die Della Scala in Verona ab 1277) einer jüngeren, aufgerückten Kaufmannselite, sondern in der Mehrzahl der Fälle der regionalen ländlichen Aristokratie. Selbst die Etappen auf dem Weg zur Herrschaft lassen sich idealtypisch sortieren. In einem ersten Abschnitt des langen Marsches zur Signorie gerät der Adelsclan mit seinen Burgen im näheren oder ferneren Umkreis der Metropole in deren Sog und Bann; er muß Vereinbarungen unterschreiben, die ihn in der Regel zu einer festen Aufenthaltszeit in der Stadt und zur Abtretung wesentlicher Herrschaftsrechte an die Kommune verpflichten.

Was wie ein Sieg der städtischen Zivilisation über unruhige Raubritter aussieht, wird zur Einholung eines Trojanischen Pferdes. Trotz aller Verstädterung nämlich verlieren die scheinbar domestizierten Familien keineswegs ihre ländlichen Wurzeln und noch viel weniger ihre kriegerische Mentalität. Dementsprechend steigen sie in der Kommune – Etappe zwei – schnell zur Führung einer lokalen ‹Partei›, d. h. eines Netzwerkes und Interessenverbandes, auf, eliminieren drittens die rivalisierende, oft von einem älteren städtischen Clan dominierte Gruppierung, wonach dann viertens mehr oder weniger bald danach die Formalisierung der Signorie zugunsten der siegreichen Sippe erfolgt. Im Falle der Malatesta, deren Aufstieg zur Macht in Rimini dieser Abfolge genau entspricht, war dieser Punkt 1295, also, von den Anfängen her gerechnet, nach etwa einem Jahrhundert erreicht. Was dann noch zu tun blieb, hing von den örtlichen Rechtsverhältnissen ab. Im Falle Riminis, das nominell dem Papst unterstand, war naturgemäß dessen Plazet einzuholen, womit eine wechselhafte und spannungsreiche Geschichte einsetzt, die mit dem Vernichtungsfeldzug Pius II. gegen Sigismondo Malatesta Anfang der 1460er Jahre einen dramatischen Akzent erfährt. Bei aller Konstanz der die Einrichtung von Signorien charakterisierenden Grundmuster variiert nicht zuletzt der Grad der Gewaltsamkeit – er reicht von gleitender Herrschaftsübernahme bis zu blutigen Gemetzeln. Diese kommen im 13. und frühen 14. Jahrhundert stark gehäuft vor. Zu diesem Zeitpunkt sind die kommunalen Traditionen noch am lebendigsten, rivalisierende Familien noch am stärksten und die Legitimationsmechanismen der Signorie noch am schwächsten. So paradox es klingen mag: Die den Merkmalen des Burckhardtschen ‹Renaissance-Tyrannen› – Skrupellosigkeit, Heimtücke, Wille zur Macht – am reinsten entsprechenden Einzelherrscher treten in der Gründungsphase der Signorie und somit lange vor jeder konsensfähigen Datierung der Renaissance auf.

Natürlich waren auch die *signori* der Renaissance keine Herrscher mit Samthandschuhen. Die spektakulären Mordgeschichten aber finden zum einen vorwiegend in informellen und damit stärker der Bestreitung ausgesetzten Signorien wie im Perugia der Baglioni und im Bologna der Bentivoglio statt. Gewalt innerhalb der regierenden Sippe bricht zum anderen meist bei der Erbfolge und über die Frage aus, wie nachgeborene Söhne zu versorgen sind. Im Gegensatz zu großen Monarchien konnten sich die Signorien eine Abtrennung von Territorien zur standesgemäßen Versorgung von Seitenzweigen aufgrund der damit verbundenen Machtausdünnung kaum erlauben, so daß hier Konflikte vorprogrammiert waren. Und trotzdem: Verglichen mit dem Gewaltpotential in der ‹feudalen› Welt Frankreichs, Englands oder Burgunds im 15. Jahrhundert, sind solide etablierte Signorien im Normalfall geradezu als befriedete Refugien gesitteter Geselligkeit anzusprechen.

Es kann auch nicht anders sein, denn seinem Auftrag und Selbstverständnis gemäß ist der *signore* an die Mission der Friedensstiftung gebunden. Konkret bedeutet das ausnahmslos: Er hat die Interessen der örtlichen Oberschicht zu wahren und zu mehren, zwischen ihren rivalisierenden Ausschnitten Ausgleich zu stiften und sie vor dem Druck nachrückender Sekundäreliten und unruhiger Unterschichten zu schützen. Erfüllen er und seine Nachkommen diese Aufgaben einigermaßen zufriedenstellend, so genießt die Dynastie einen wachsenden Vertrauenskredit und kann sich auch einzelne Fehlschläge erlauben, ohne daß jedoch das angesammelte soziale Kapital unerschöpflich wäre. Wird dieses langfristig nicht vergeudet, sondern gemehrt wie im Falle der Gonzaga in Mantua und der Este in Ferrara, dann gewinnt der *signore* weitere Freiräume und wird, nicht zuletzt durch konzentrierten Einsatz von Propagandamedien, geradezu zum Symbol städtischer Größe und Unabhängigkeit.

Aber auch von unten ist der *signore* starkem Erwartungsdruck ausgesetzt. Billiges Brot gegen inneren Frieden, so lautet die Parole der einfachen Leute. Will er seine Herrschaft auf Dauer stabilisieren, hat der Herrscher dieser kategorisch vorgetragenen Forderung soweit wie mit den beschränkten ökonomischen Mitteln der Zeit möglich entgegenzukommen, meist auf Kosten des flachen Landes, dem die dort erzeugten Lebensmittel im Krisenfall schnurstracks entzogen werden. Solche paternalistischen Bindungen zwischen den Untertanen und einem sich zum fürsorglichen Vater der Armen stilisierenden *signore* bilden geradezu einen Basispakt der Signorie, der ostentativ erfüllt werden muß. Wie weit diese, modern ausgedrückt, sozialpolitische Verpflichtung reicht, macht die Rangfolge der repräsentativen Großbauten des Parvenü-*signore* Francesco Sforza deutlich. Versuchte sein Sohn Ludovico il Moro das schwindende Prestige der Herrscherfamilie mit der heroischen Reiterstatue des Vaters zu retten – bezeichnenderweise vergeblich, über geniale Experimente und Vorstudien gedieh Leonardo da Vincis Vorhaben nicht hinaus –, so wußte es der kluge Dynastiebegründer besser und investierte riesenhafte (von den Medici geliehene) Summen in den Bau des Mailänder Ospedale maggiore. Dort wurden an den Ärmsten der Armen die Werke der Barmherzigkeit geübt – zum dauerhaften Lob eines christlichen Idealherrschers.

Signorien der Renaissance: Mailand, Ferrara, Urbino

Wie stark war die Signorie als Staat? Aufschlüsse dazu bietet die Korrespondenz zwischen den Mailänder Herzögen und ihren Amtsträgern vor Ort, in den Untertanenstädten der Lombardei. Hier fanden die Sforza als Erbe der Visconti ab 1450 ein ansehnliches administratives Netz vor, standen doch im gesamten Staatsgebiet mehr als zweihundert ‹Funktionäre› in leitender Position zur Verfügung. Zwischen ihnen und der Zentrale entspinnt sich ein reger Nachrichtenaustausch. Anfragen erfolgen, Antworten ergehen. Frühmoderne Bürokratie, auf dem Weg zum Beamtenstaat?

Die Realität ist vielschichtiger, von der Seite der Amtsträger aus betrachtet, eher deprimierend. Denn beim Versuch, dem Willen ihres Herrn Geltung zu verschaffen, stoßen *commissario*, *podestà* und *capitano di divieto*, die drei wichtigsten herzoglichen Beamten in der Provinz und als solche auf dem Papier mit weitreichenden Kompetenzen ausgestattet, nicht nur an Grenzen, sondern geradezu gegen Mauern; viele ihrer Karrieren enden nicht mit dem erhofften Aufstieg aus der Mittel- in die Oberschicht, sondern in Frustration. Ob es darum geht, mit herzoglichem Haftbefehl einen Straßenräuber zu fangen, der im Hause eines Cremoneser Patriziers Arbeit und Brot als Leibwächter findet, oder längst fällige Pachtsummen im Gebiet von Lodi einzutreiben – allen ihren Bemühungen steht die geschlossene Phalanx der lokalen Honoratioren entgegen. Geben sie trotz dieses Widerstandes nicht nach, versucht man es mit Bestechung oder Einschüchterung – Prügel, Attentate auf offener Straße, bei denen alle wegschauen. Fruchtet das wider Erwarten auch nichts, zieht man das letzte Register und schreibt einen Brief an den Herzog – sein Ansehen, so erklärt man ihm, werde durch ein seiner Größe unwürdiges subalternes Organ beschädigt. Steht nicht Grundsätzliches auf dem Spiel, gibt die Zentrale jetzt nach – Ende des Vorgangs. Einen Dauerkonflikt mit seinen einflußreichen Untertanen kann kein ‹Renaissancestaat› erfolgreich bestehen.

Diese überall – hinter vorgehaltener Hand, versteht sich – im Umkreis der Herrscher zirkulierende Erkenntnis zeitigt Folgen. Wenn die verliehene – in den Augen der Untertanen erborgte, ja erschlichene – Autorität der Amtsträger sich als machtlos erweist, dann sollte man besser andere ins zermürbende Sperrfeuer der örtlichen Oberschichten schicken. Als Kugelfang boten sich Lehensmänner an. Nicht nur im Mailand der Visconti und Sforza, sondern überall dort, wo *signori* herrschen, bricht sich auf diese Weise eine Tendenz Bahn, die herkömmlichen Staatsausbildungsmodellen radikal widerspricht. Gehen diese von einer schrittweisen und schließlich endgültigen Überwindung autonomer feudaler Herrschaftsgewalten durch sich allmählich entwickelnde zentrale Bürokratien aus, so ist die Gegenläufigkeit – oder, wenn man so will, die ‹Rückschrittlichkeit› – der Signorie in der Tat unübersehbar.

Hatten die Kommunen vom 12. Jahrhundert an die autonome Rechtsprechung, Steuerabschöpfung und Truppenaushebung der Adeligen in ihrem Herrschaftsgebiet insgesamt relativ erfolgreich zurückgedrängt, so feiert das *feudum*, das Lehen, im 15. und 16. Jahrhundert fröhliche Wiederauferstehung. Und diese Renaissance-Feudalität ist alles andere als ein schwächlicher Spätling; sie umfaßt in der Regel Blutgerichtsbarkeit und weitere staatliche Hoheitsrechte. Vom Herrschaftsgebiet der Sforza etwa sind am Ende so große und so einträgliche Teile als Lehen vergeben, daß in der Zentrale der permanente Finanznotstand ausbricht. Das von seiten der Herrscher aufgemachte Kalkül setzte statt dessen auf eine andere Art von Rendite: auf die unverbrüchliche Loyalität derjenigen, die mit dem *feudum* investiert wurden. Im Falle der Sforza blieb auch sie aus. Statt treue Gefolgsleute zu gewinnen, handelte man sich Unabhängigkeit und Aufsässigkeit der Peripherie unter mächtigen Anführern ein. Solche Auflösungserscheinungen provozierte Lehensvergabe immer dann, wenn sie aus einer Position der Schwäche heraus vorgenommen wird – um Widerspenstige milde zu stimmen, anstatt bewährte Vertrauensleute noch enger an den Herrscher zu binden. Genau dieser Zweck wird mit wohldosierten Mitteln in gelingenden Signorien wie etwa Ferrara erreicht. Dort verzeichnen in Ehren ergraute Amtsträger durch die Verleihung kleinerer Gebiete unter durchaus weiter bestehender Kontrolle von oben einen gesellschaftlichen Ranggewinn, der auch vor dem eifersüchtigsten Blick der alten Familien standhalten kann, weil er diesen nichts wegnimmt. Beim Einsatz der Vielzweckwaffe Lehen und damit bei der Gliederung und Verwaltung ihres Herrschaftsgebietes hatte jede Signorie ihren eigenen Weg zu finden. Eine Schlußfolgerung aber drängt sich auf: Auf die Patronage kam es an. Oder, anders ausgedrückt: Der *signore* ist so stark wie das Netzwerk nützlicher

Freundschaften, das er um sich als Mittelpunkt zu knüpfen vermag, mit oder ohne Lehen.

Besonders erfinderisch war auch hier Federico da Montefeltro, Herzog von Urbino. Begünstigt durch seine Soldeinnahmen, kann er sein karges Territorium mit exemplarisch leichter Hand, mit einem absoluten Minimum an Staat regieren. Das wiederum kommt der Mentalität seiner Untertanen ideal entgegen, die wie alle Bergbewohner im Europa der frühen Neuzeit (und später) kleinräumigen Organisationsformen leidenschaftlich anhängen, d.h. ihre Angelegenheiten in Gemeinde und Nachbarschaftsverband ohne Einmischung von außen unter sich aushandeln möchten. Dementsprechend archaisch, vorstaatlich ist die administrative Organisation: Nicht einmal die in Lombardei und Toskana seit Jahrhunderten erreichte Zusammenfassung zu Amtsbezirken ließ sich hier durchsetzen. Statt dessen herrscht weitgehende lokale Selbstregierung, nicht nur in (Klein-)Städten wie Gubbio, sondern selbst in winzigen Bergnestern mit wenigen Dutzend Bewohnern. Gerade hier standen die Amtsträger der Zentrale, schon auf dem Papier mit Kompetenzen viel spärlicher ausgestattet als im Mailändischen, oft genug auf verlorenem Posten – angesichts chronischer Widerständigkeit und Aufsässigkeit von Untertanen, die sich bei ihren Protesten gegen die ‹Anmaßung› der Funktionäre des Gehörs ihres Landesherrn oft genug sicher sein durften. Dieser nämlich reagiert ganz anders, als es das Klischee des Renaissance-Tyrannen erwarten lassen würde – nicht mit unbeirrbarer Durchsetzung seines eisernen Herrscherwillens, sondern flexibel, unter Ausnutzung der von den Rivalitäten gebotenen Profilierungschancen: in der Rolle des väterlicher Schiedsrichters zwischen Untertanen und ‹Staat›.

Daraus ergibt sich eine nur scheinbar paradoxe Konstellation, daß nämlich dem Herrscher die ostentative Distanzierung von den ausführenden Organen seiner Herrschaft Prestige und Akzeptanz einbringt. Lehensvergabe ist unter diesen Voraussetzungen nur logisch. Sie wird wie alles in diesem zugleich altertümlichen und modernen, ganz auf die Person des Herzogs zugeschnittenen System kontrolliert vorgenommen. Ein Drittel des Montefeltro-Territoriums wird feudal regiert, also von einem Mittelsmann zwischen Untertanen und *signore*; das klingt nach viel, ist aber wenig. In diesen ca. tausend Quadratkilometern Bergland leben nur ca. fünf bis sechs Prozent der Einwohner und zudem deren notorisch unruhigster Teil. So liegen die Vorteile der Feudalität für den *signore* auf der Hand. Er kanalisiert sozialen Aufstieg (überwiegend des ländlichen Kleinadels in die höheren Ränge der Aristokratie), erntet auf diese Weise die Loyalität der Aufsteiger, kassiert Lehenszins als Reinertrag und läßt andere die unvermeidlichen Konflikte austragen, bei denen er wiederum als Vermittler Ansehen gewinnt – nach heutigen Kriterien also ein *win-win-win*-Geschäft.

Zum Vorteil aller Seiten geriet noch eine weitere unverwechselbare Montefeltro-Operation. Steuerlich wenig belastet, führten die Familien im Herzogtum Urbino eine ganz besondere Naturalabgabe an den Herrscher ab – in Gestalt wehrfähiger junger Männer für das Heer des herzoglichen Militärunternehmers, der dann seine Feldzüge nach dem Motto «sowenig Risiko und soviel Beute wie möglich» für seine Landeskinder plante. Auch hier also besteht die Regierungskunst des *signore* in möglichst flächendeckenden Gunsterweisen, in der Ausübung von Patronagehoheit – und nicht zuletzt in der Ausnutzung von Propagandamedien. Von oben und unten vielfältig gebunden und zur Aufgabenerfüllung verurteilt, suchten und fanden die Einzelherrschaften der Renaissance ihren ureigenen Expansionsspielraum im Ausbau des Hofes und der damit verbundenen reichhaltigen Selbstdarstellungsmedien.

Damit läßt sich die seit Burckhardt immer wieder gestellte Frage nach dem Wesen der italienischen Renaissance-Signorie modifiziert und nuanciert zugleich beantworten: Sie ist zutiefst traditionell in ihrem Aufbau, ihrer Organisation, ihren Werten, ihrem Selbstverständnis und an den Grundkonsens der Eliten wie an die Sättigung der Unterschichten gleichermaßen gebunden – und sie ist zugleich innovativ, zukunftsweisend, kreativ und erfinderisch durch die Ausschöpfung der Freiräume, die sich zwischen diesen wenig veränderlichen sozialen und politischen Koordinaten ergeben, also vor allem durch die Einbindung von Oberschichten in Lehen und Hof und damit durch die Gewinnung von Prestige als Mittel der Politik nach innen und außen. Schwach gemessen an den realen Machtmitteln, stark durch die Knüpfung innerer und diplomatischer Netzwerke und durch die Wirkungskraft ihrer Selbstdarstellung – die Renaissance-Signorien Italiens sind Kunstwerke in einem ganz und gar nicht-burckhardtschen Sinne: Insgesamt im besten Falle statisch, in sich ruhend, auf die Person oder die Familie der Herrscher zugeschnitten, sind sie kulturell außerordentlich fruchtbar und zugleich als politisches System wenig dynamisch, weit eher Auslaufmodell als zukunftsfähig. Nach zweihundert Jahren Prinzipat der mit seinem Tode erlöschenden Dynastie fordert Gian Gastone, letzter Medici-Großherzog von Toskana, 1737 die Wiederherstellung der Republik nach seinem Ableben; diese sei nie aufgehoben, sondern nur zugunsten seiner Familie umgewandelt worden, wir dürfen ergänzen: in die ihr gemäße Form. Nichts kann das Wesen der Signorie besser verdeutlichen als dieses vergebliche Begehren des letzten *signore* auf dem Totenbett.

Monarchien: Neapel und Rom

Daß im Süden die großen Feudalfamilien langfristig am längeren Hebel saßen, zeigte sich bereits am sang- und klanglosen Untergang der aragonesischen Dynastie nach 1494. Über die Herrschaft ihres Begründers, Alfonsos V. (1443–1458), hingegen ist sich die Forschung bis heute nicht einig. Noch einmal dieselbe Frage – starker oder schwacher Staat? Eine ausgewogene Bilanz dürfte wie folgt ausfallen.

Als Sieger, der von außen kommt, bringt Alfonso einen Kreis katalanischer Adelssippen mit, die Führungspositionen am Hof und die Lehen der exponiertesten Feinde der neuen Dynastie erhalten – ein starker Startvorteil. Diese Eliten-Transplantation aber fällt notwendigerweise begrenzt aus, um allzu heftige Ressentiments der heimischen Barone zu vermeiden. Anstoß an den privilegierten Neuankömmlingen nehmen sie trotzdem. So sehr, daß schon Alfonsos Nachfolger Ferrante nach 1458 Gegenkurs steuern, d. h. seine engere Umgebung ‹italianisieren› muß. Gewiß kommt es nach 1443 zum Ausbau zentraler Ratsgremien und Institutionen, die zudem von stolzen Bekundungen königlicher Autorität begleitet werden. So pocht der Monarch auf sein Recht, auch in den baronalen Lehen Steuern zu erheben, die von den Feudalherren ernannten Amtsträger zu bestätigen und überhaupt die adelige Herrschaftsausübung zu beaufsichtigen. Doch *de facto* verpufft diese Energie rasch, ohne die Grenzlinie zwischen aristokratischer und monarchischer Macht wesentlich zugunsten der letzteren zu verschieben.

Die dazu erforderlichen Energien bringt bis zur Französischen Revolution kein Herrscher auf. Zu ungünstig für die Zentrale sind die bestehenden Machtverhältnisse: Allein von den etwa anderthalbtausend städtischen oder stadtähnlichen Gemeinden (*comunità*) im festländischen Süditalien stehen mehr als vier Fünftel unter feudaler Hoheit, und zwar gerade die größeren und reicheren. Zusammen mit dem einst stolzen Krongut ist die ursprünglich weitreichende Macht der Könige seit dem späten 12. Jahrhundert, nur von kurzen gegenläufigen Phasen unterbrochen, einem ständigen Erosionsprozeß ausgesetzt, der sich auch unter der aragonesischen Dynastie als letztlich unaufhaltsam erweist. Nach altbewährtem Muster lassen sich die großen Familien auch von ihr die Akzeptanz der neuen Herrschaft honorieren. So verleiht Alfonso schon bald nach seinem Machtantritt den unmittelbar von der Krone eingesetzten Baronen das *merum et mixtum imperium* in ihren Lehen – die uneingeschränkte Rechtsprechungsgewalt inklusive Entscheidung über Leben und Tod – und bestätigt damit im wesentlichen bereits bestehende Machtverhältnisse.

Ab dem zweiten Viertel des 16. Jahrhunderts schließlich wird die spanische Krone die feudale Herrschaft als Machtausübung im Namen des Königs noch stärker sanktionieren, aber zugleich durch lehensrechtliche Gesetzgebung formalisieren und zudem dadurch konzentrieren bzw. massieren, daß sie die Bildung noch größerer feudaler Besitzungen der führenden aristokratischen Clans begünstigt. Dahinter steht das Kalkül, daß wenige große Feudalfamilien leichter zu kontrollieren und zu domestizieren sein sollten als eine große Zahl nicht saturierter und daher unruhiger Kleinadeliger.

Etwas größere Handlungschancen als in der abgeschotteten Welt feudaler Herrschaft hat die aragonesische Monarchie in ihrer Hauptstadt zu Füßen des Vesuvs. Hier hat sich eine ganz besondere Elitenkonstellation herausgebildet, die eine mannigfaltige juristische Traktatliteratur hervorbringt. Stark vereinfacht dargestellt: Ein in fünf sogenannten *seggi* (‹Sitzen›) organisierter städtischer Adel dominiert Verwaltung, Rechtsprechung und Versorgung der expandierenden und pulsierenden Metropole Neapel in konfliktreichem Zusammenspiel mit einem sechsten Sitz des ‹Volkes›, d. h. der reichen Kaufmanns- und Bankiersfamilien. In diesem durch den Aufstieg eines dritten Elitensegments, der Rechtsgelehrten (*togati*), spannungshaltigen Gefüge versucht die Monarchie durch Unterstützung der nichtadeligen Gruppen ihre Autorität zu erhöhen, zeitweise mit einem gewissen Erfolg. Doch werden diese bescheidenen Zugewinne langfristig dadurch zunichte gemacht, daß der hauptstädtische und der feudale Adel im 15. und 16. Jahrhundert zunehmend zu einer einheitlichen und vollends unbezwingbaren privilegierten Phalanx verschmelzen.

Doch weiterhin nicht ohne Gegenwehr der Krone. So zeichnen sich unter Alfonso und Ferrante (1443–1494) Ansätze einer ‹Staatsökonomie› ab, die durch das jetzt eingerichtete königliche Weidewirtschaftsmonopol und durch Anbindung an den Geld- und Warenstrom des nördlichen Italien die Produktivität des rückständigen südlichen Wirtschaftsraumes und damit die Finanzkraft der Monarchie heben soll. Im Endeffekt aber profitieren davon weit mehr als heimische Firmen die großen florentinischen und genuesischen Handelshäuser, die seit langem die Ausfuhr südlicher Agrarprodukte in den gewerblich viel weiter entwickelten Norden gewinnträchtig monopolisieren. Unbehinderter bewegen sich auch die neapolitanischen Herrscher im Bereich der Kulturpatronage. Sowohl Alfonso als auch Ferrante erkennen die Zeichen der Zeit, die auf Medieneinsatz stehen, und gehen folgerichtig daran, sich als fremde Herrscher ostentativ einzubürgern – auch hier nach dem Muster, daß Legitimität nur durch nahtlose Einfügung in Kontinuitätslinien und geschickt inszenierten Kult lokaler Traditionen zu gewinnen ist. Dabei setzt Alfonso gleichermaßen auf die Aussagekraft von Bauwerken wie etwa der Triumphpforte am Castelnuovo Neapels (1452–1466) und auf die Überzeugungsmacht des Wortes; letzteres verkünden zum Ruhme ihres Herrn hochbezahlte Humanisten vom Range eines Bartolomeo Fazio oder Lorenzo Valla, die damit der neapolitanischen Stimme im Konzert der öffentlichen Meinung Italiens zeitweise kräftig Gehör verschaffen. Doch ist am kläglichen Ende der Dynastie das Prestigekapital schnell aufgezehrt. Offenbar ist der Süden mit seinen feudalen Strukturen ein für erfolgreiche Herrschaftspropaganda eher ungünstiges Terrain: Die Barone des Südens beeindruckt man sicher weniger durch Bilder als durch Lehen und Armeen.

Wie dem Neapel Alfonsos ist auch Rom und dem Kirchenstaat der Renaissance Modernität in Form von Zentralisierung und Bürokratisierung von der Forschung ebenso nachdrücklich zugeschrieben wie abgesprochen worden. Auch hier stechen auf den ersten Blick Zugewinne ins Auge. 1420, im Jahr der Rückkehr Martins V. nach Rom, noch eine Art Gemeinschaft unabhängiger Staaten unter nomineller Oberhoheit des Pontifex maximus, stellt sich das päpstliche Herrschaftsgebiet zwischen Romagna und Abruzzen knapp anderthalb Jahrhunderte später unleugbar gefestigt und gestrafft dar. In der ehemals äußerst locker verfugten Agglomeration ganz unterschiedlich regierter Gebiete sind nach der Mitte des 16. Jahrhunderts allenthalben, bis in abgelegene Gebirgsdörfer hinein, päpstliche Amtsträger installiert. Parallel dazu ist den lokalen Eliten ihre sprichwörtliche Widersetzlichkeit ausgetrieben worden. Letzte Aufstände von Städten wie Perugia (1540) oder Clans wie der Colonna (1541/43) sind wenig mehr als Epiloge einst stolzer Autonomien.

Die jetzt bis zum (vorübergehenden) Ende des Kirchenstaates im Jahre 1798 anbrechende Ruhe an der jahrhundertelang heißumkämpften römischen Front aber kommt nicht durch einseitigen Machtspruch des geistlichen Wahlmonarchen, sondern durch gegenseitiges Arrangement, durch informellen Machtabtausch zwischen Herrscher und Adel zustande. Dabei vermag das Papsttum die auf Mitregierung in der großen Politik gerichteten Ansprüche seiner traditionellen Konkurrenten – Kardinäle, römische Stadtbehörden und Barone – weitgehend zurückzudrängen bzw., im Falle der altadeligen Sippen vom Range der Colonna und Orsini, eher abzudrängen, nämlich aus der Hauptstadt und den Haupt- und Staatsaktionen heraus auf eine mittlere und untere Ebene der Herrschaft zu verlagern. Hier aber erweist sich die Autorität der städtischen Oligarchien bzw. der Feudalherren als ungebrochen, ja sogar gestärkt. Die päpstlichen Vizelegaten und Gouverneure sehen sich diesen gegenüber im wesentlichen auf die Rolle von Beobachtern und Informanten beschränkt.

Bei der Neuverteilung der Machtchancen spielt der päpstliche Nepotismus eine Doppelrolle. Zum einen schwächt die seit Sixtus IV. (1471–1484) immer aggressiver vollzogene Implantation der Papstverwandten an der Spitze der kirchenstaatlichen Sozialpyramide die dort traditionell etablierten Clans – und zwar irreparabel. Die im Kampf gegen so gewalttätige Parvenüs wie die Borgia 1492 bis 1503 erlittenen Verluste an Personen, Gütern und Prestige vermögen die Colonna und Orsini auch nach dem Untergang ihrer Feinde und trotz partieller Wiedergutmachung nicht mehr auszugleichen. Auf diese Weise aber wird das Papsttum als Institution im Kampf zwischen altem und neuem Adel zum lachenden Dritten, der dabei immer stärker die Regeln eines zivilisierten Konfliktaustrags zu diktieren vermag: Schon ein Menschenleben nach Alexander VI. Borgia tobt zwischen Baronen und Nepoten nur noch ein Krieg der Prestigeobjekte, der Bilder und Paläste. Ziel der Renaissance-Päpste war somit nicht die definitive Herabdrückung oder gar Ausrottung der alten Elite, sondern die Verschmelzung mit den Nepotenfamilien zu einer homogenen neuen Oberschicht und damit ein Staat, in dem der Papst im trauten Kreise seiner loyalen Aristokraten harmonisch zu regieren vermochte.

Doch wohnen in der Brust des Papsttums zwei Seelen, eine kirchenstaatlich-politische und eine kirchlich-universelle. Mit anderen Worten: Über die Regierung eines eigenen Territoriums hinaus beansprucht der Papst als Stellvertreter Christi auf Erden eine Macht, die nicht von dieser Welt ist, und in deren Namen die unumschränkte Regierung von Kirche und Klerus sowie die Oberhoheit über alle christlichen Herrscher. Diese Personalunion wird nicht erst in der Renaissance, doch jetzt immer stärker zur Zielscheibe der Kritik europäischer Intellektueller. Sie prangern Verweltlichung in allen nur denkbaren Spielarten an – außer der anstößigen Begünstigung der Nepoten vor allem die Verwandlung der Kirchenspitze zu einem immer mondäneren, luxuriöseren, ausschweifenderen Hof sowie als Mittel zu dessen Finanzierung den Verkauf von Verwaltungsämtern an der Kurie und schließlich deren Gebührenunwesen, das nach Meinung nationalgesinnter deutscher und französischer Humanisten beide Länder aussaugt. Gegen diese Anklagen hat das Papsttum seinen Behördenausbau mit den gewachsenen Aufgaben der Kirchenführung verteidigt und seinen prunkvollen Lebensstil mit den Erfordernissen eines neuen Zeitalters gerechtfertigt: Seelenfang durch Beeindruckung der Sinne. Aufgrund ähnlicher Überlegungen verkündet Papst Nikolaus V. (1447–1455) auf dem Totenbett seinen Großen Stadtbauplan. Er sieht vor, die damals noch graue, unansehnliche Siedlung am Tiber zu einem leuchtenden Neuen Jerusalem, zum sinnlich erfahrbaren Symbol weltumspannender Größe des Papstamtes umzuformen – und zwar mit dem Neubau der altehrwürdigen, aber baufälligen Peterskirche auf dem Vatikanischen Hügel beginnend. Entschiedenere Schritte in diese Richtung, der das Papsttum bis 1870 folgen wird, aber unternimmt erst Sixtus IV., mit dessen Pontifikat sich das in dieser Hinsicht bisher eher provinzielle Rom zu einem Zentrum von Mäzenatentum und Kulturpatronage im weitesten Sinne zu verwandeln anschickt.

Republiken: Venedig, Genua, Siena, Lucca

Sind die italienischen Republiken der Renaissance nicht (oder wenig) mehr als Oligarchien ohne *signore*? Das Bäumchenwechsle-dich der Staatsformen in Lucca oder Genua legt diese

Frage nahe. Anders gestellt, lautet sie: Was hält Freistaaten im Inneren zusammen bzw. bei der republikanischen Stange? Was Genua betrifft, so glaubte Machiavelli die Antwort zu wissen. Ihr nämlich empfahl er dringend, die Staatsbank der Casa di S. Giorgio zum Staat zu machen. Zu ihr und nicht zur Republik als Staatsform hätten die führenden Kreise Vertrauen. Eine tiefschürfende Einsicht. Im Gegensatz zu Oberschichten wie dem Mailänder Patriziat, das seine Investitionen strikt vom Staat trennt, legen die Eliten von Genua, Florenz, Venedig, Siena und Lucca einen ansehnlichen Teil ihrer Überschüsse in Staatstiteln an. Ob freiwillig oder gezwungenermaßen, macht keinen großen Unterschied, da sich die Rendite in der Regel sehen lassen kann. So aber garantiert die Aufrechterhaltung des Regimes Zinsen, bei seinem Sturz droht Ruin. Ohne Frage sind die Republiken der Renaissance also auf Geld gebaut. Die Verquikkung wirtschaftlicher, gesellschaftlicher und politischer Interessen ist unauflöslich: Wer an der Macht ist, besteuert seine Gegner, bis sie zusammenbrechen. Steuerreformen wie in Florenz ab 1427 und auch später, unter der Herrschaft der Medici-Partei, sind wenig mehr als leicht kaschierte Versuche einer noch stärkeren Umverteilung zugunsten der Herrschenden. Die Republik als organisierte *cosa nostra* und sonst nichts?

Solch zynischen Erklärungen haben die Venezianer der Renaissance als Gralshüter republikanischer Freiheit ihren Staatsmythos entgegengestellt. Am reifsten ausgebildet tritt er im Werk Gasparo Contarinis (1483–1542) hervor. Der venezianische Patrizier und spätere Kardinal sieht seine Heimatstadt auf unverbrüchliche Staatsergebenheit, glühenden Tyrannenhaß und uneigennützigen Patriotismus seiner besten Bürger, des Adels, gegründet; dieser regiert in einer perfekt ausgewuchteten Verfassung unter wachsamer Gruppenkontrolle, gerecht und in Harmonie mit dem Volk. Ähnliche Ruhmestöne schlägt der große Humanist Leonardo Bruni (1369–1444) zum Lob seiner Wahlheimat Florenz an: Nur in einem Staatswesen, das durch freie Rede und ungehinderte Konkurrenz die Besten an die Macht bringe, könne sich eine wahrhaft humane Kultur entfalten. Diese Entwicklung hin zu immer höheren Daseinsformen sei, so Bruni, in der Stadt am Arno seit der Abschüttelung fremder Herrschaft im frühen Mittelalter stetig vorangeschritten – bis zur voll entfalteten Freiheit und Gerechtigkeit im Hier und Jetzt. Auf der anderen Seite ist ihm die seit 1434 vollzogene Verengung der Republik unter der Vorherrschaft der Medici-Partei keine Erwähnung wert. Republikanischen Glaubensbekenntnissen wie dem seinen wohnt, so ist zu schließen, in der Renaissance immer eine gehörige Portion Rhetorik oder auch Opportunismus inne; für bare ideologische Münze darf man sie nicht nehmen. Doch sind diese Credos zugleich mehr als billiges Wortgetöse. Je länger eine Republik besteht, desto mehr bildet sich, zumindest von den Mittelschichten aufwärts, eine kollektive republikanische Identität, d. h. das Bewußtsein aus, daß Stadt und Staatsform zusammengehören. Grob nach ihrer Intensität abgestuft, sind diese Überzeugungen in Venedig, jenseits aller Mythen, felsenfest, in Florenz immerhin zählebig, in Genua vor 1528 ziemlich austauschbar und in den übrigen Republiken mehr oder weniger schwankend.

Auf die schon von den Zeitgenossen gestellte Frage nach den Ursachen der republikanischen Unerschütterlichkeit an der Lagune liefert die neuere Forschung eine breite Palette von Antworten. Ausschlaggebend ist ohne Frage die Existenz einer ganzen Reihe in etwa gleich starker Clans mit zahlreichen Familienzweigen, die das System auf vielen Schultern ruhen lassen und die zur Einrichtung einer Signorie nötigen Prestigevorsprünge nicht aufkommen lassen. Diese Konkurrenz erzeugt darüber hinaus intensive Gruppenkontrolle sowie Regeln für den Wettbewerb innerhalb der Führungsschicht, die dadurch als solche rechtlich definiert wird, des *signore* als Schützer ihrer Privilegien also nicht bedarf. Ein übriges tut die schnelle Rotation der Ämter, welche zugleich deren breite Streuung gewährleistet – die Aurechterhaltung des Status quo wird so für viele wünschenswert. Dazu tragen weitere Ausgleichsmechanismen für die in den politischen Institutionen der Republik nicht vertretene und daher im engeren Sinne nicht politikfähige große Mehrheit der Venezianer bei: die Bereitstellung zahlreicher Selbstverwaltungsfreiräume auf der Ebene der Pfarrei und der

Berufsgenossenschaft, Versorgungsprivilegien für die hauptstädtischen Mittel- und Unterschichten, vor allem in Gestalt subventionierten Brotes, und nicht zuletzt die vielen prunkvoll inszenierten politisch-religiösen Feste und Prozessionen. Alle diese Faktoren zusammen erzeugen das von Nicht-Venezianern verwundert (und bewundernd) festgestellte schichtenübergreifende ‹Wir-Gefühl› an der Lagune, wo nicht nur die *nobili*, sondern auch große Teile der Mittelschichten in äußerst tragfähige klienteläre Netze eingewoben sind. Für den extremen inneren Krisenfall schließlich stand mit dem Rat der Zehn ein handlungsfähiges Staatssicherheitsorgan zur Verfügung, doch wird der Zusammenhalt ganz überwiegend von innen, nicht durch Unterdrückung gewährleistet – entgegen allen Schauerromanen von der Stadt der tausend Spitzel.

Alle diese Regeln aber haben sich, dem Staatsmythos entgegen, nicht mit einem Schlag, sondern sehr allmählich ausgebildet; annähernd ‹fertig› wird die venezianische Verfassung erst im 14. und frühen 15. Jahrhundert, in einem gewissen Fluß bleibt sie auch danach. Diese Bewegung betrifft vor allem den Auf- und Abstieg von Sippen und Familien.

Am Grunde der pyramidal aufgebauten, durch starke innere Verschachtelung und Verzahnung charakterisierten Verfassung fungiert der Große Rat, dem nominell bis zu dreitausend volljährige männliche Adelige (*nobili*) als Trägerschicht des Staates angehören. Die Mitgliedschaft in ihm ist seit 1297/98 auf damals bereits etablierte Familien beschränkt, doch erweist sich das Basisorgan der Republik, entgegen dem strengen Wortlaut des Gesetzes, noch ein Jahrhundert lang für neuaufgestiegene Familien als relativ offen. Als darüberliegende politische Etage ist der sogenannte Consiglio de' Pregadi, antikisierend Senat genannt, eingezogen, dessen Besetzung etwa einem Zehntel des Großen Rates gleichkommt. Auch wenn Senatoren als eine Art Steuerungskomitee den keiner eigenständigen Initiativen fähigen Großen Rat durch Tagesordnung und Traktanden erst zum politischen Leben erwecken, nehmen sie in der informellen Hierarchie von Autorität und Einfluß nur mittlere Plätze ein. Wer es dagegen bis in den Dogenrat, in den Rat der Zehn (mit *de facto* siebzehn Mitgliedern) oder ins Kollegium der Savi Grandi geschafft hat, der darf sich zu den ca. fünf bis sechs Dutzend wirklich mächtigen Individuen, zum auch hinsichtlich seiner Kompetenzen aufs engste verzahnten Kreis zählen, in dem die Weichenstellungen innerer und äußerer Politik getroffen werden. Dessen Mittelpunkt bildet weiterhin, trotz aller mißtrauischen Überwachung seines Tun und Lassens, der Doge, und zwar deshalb, weil er zum einen auf Lebenszeit und zum anderen in mehreren ausschlaggebenden Gremien zugleich tätig ist. Diesen doppelten Vorteil nutzten machtbewußte Staatsoberhäupter dazu, sich ein dichtes Netzwerk ergebenen Anhangs zu knüpfen und auf diese Weise ihren Einfluß weiter zu steigern. Agostino Barbarigo (Amtszeit 1486–1501) etwa war ein solcher starker Doge – ein Typus, dem nicht die Zukunft gehören sollte: Milde Greise steigen jetzt ständig im Kurs.

Herrsche und teile aus – diese Devise prägt die soziale und politische Ordnung der Markusrepublik auf allen Ebenen. Unterhalb der *nobili* genießt die immer sorgfältiger (definitiv 1568) abgegrenzte Schicht der *cittadini originarii* – eine kurz unterhalb der Adelsschranke steckengebliebene Sekundärelite – wichtige Privilegien: das Monopol auf die Lebenszeitposten der Dogenkanzlei und die Leitung der großen Scuole (Bruderschaften), die als sozialpolitisch-karitative Großorganisationen tief in den Alltag des Volkes hineinreichen. Dadurch dürfen sie sich den ärmeren Adeligen mindestens ebenbürtig fühlen. Von diesen gibt es immer mehr, seit im Laufe des 15. Jahrhunderts die osmanische Expansion im Ostmittelmeer die Venezianer, bildlich gesprochen, von ihren seit dem frühen 13. Jahrhundert so fetten kommerziellen Weidegründen im Gebiet Kleinasiens und des griechischen Archipels abzuschneiden beginnt. So wird jetzt für eine wachsende Mehrheit wenig oder kaum begüterter *nobili* (die sogenannten *barnabotti*) der ererbte Sitz im Großen Rat zu einer Versorgungspfründe auf Lebenszeit. Viele der zahllosen Kleinstämter in der stark aufgeblähten administrativen Maschinerie der Republik haben keinen anderen Zweck, als den abgesunkenen Teil der politischen Elite mental und ökonomisch aufzurichten. Naturgemäß verdingt sich dieser darüber hinaus als Stimmvieh, trotz aller Gesetze, die solche Geschäfte auf Gegenseitigkeit verhindern sollen und gerade durch ihre Häufigkeit die Unabänderlichkeit dieser Zustände bezeugen. Und doch ist Venedig in der Neuzeit keine Geronto-Plutokratie reinsten Wassers gewesen, in der nur schwerreiche alte Männer das Sagen hatten. Dazu waren die *barnabotti* zu zahlreich und in gewisser Weise zu volksnah. Von den einfachen Leuten, deren Lebensstil und Weltsicht nämlich unterschieden sich viele von ihnen durch wenig mehr als ihren Titel; auf diese Weise aber konnte, vor allem in Krisensituationen, die Stimmung der Straße in den Ratssaal eindringen: durch Stimmenverweigerung für unpopuläre Kandidaten oder, subtiler, durch deren Wahl in besonders unbeliebte Ämter. Außer Geld, und zwar reichlich, war zum Einzug in die innersten Zirkel der Macht vor allem Abkunft aus einem der angesehensten Clans vonnöten. Diese waren nach Alter und Ämterhäufigkeit vielfältig abgestuft, doch war genealogische Vornehmheit im Dschungel der Netzwerke keine Garantie dafür, ganz nach oben aufzusteigen. So etwa machen die *case nuove*, die – relativ! – jungen, überwiegend im 13. und 14. Jahrhundert aufgestiegenen Familien, im 16. Jahrhundert das Dogenamt unter sich aus.

Die sogenannten apostolischen Häuser – die sakral überhöhte Geburtselite eines sich als Ruhestätte des Evangelisten Markus selbst heiligenden Staatswesens – konnten es verkraften – Macht setzt in den italienischen Republiken der Renaissance nicht unbedingt deren Ausübung in eigener Person voraus. Was die Teilhabe am politischen Leben betrifft, so sind alle diese Freistaaten *de facto* Oligarchien, d. h., sie behalten die Machtausübung durch Bekleidung der führenden Ämter einem relativ engen Kreis sich zudem stetig weiter abgrenzender Familien vor. Die Ausdehnung der Politikfähigkeit auf nahezu die gesamte Mittelschicht, wie sie im Florenz des Jahres 1494 und nochmals 1527 vorgenommen wird, ist eine quasirevolutionäre Ausnahme, die durch die außenpolitischen Erschütterungen und noch mehr durch das Gedankengut des Endzeitpropheten Savonarola provoziert wird, für den Handwerker und Ladenbesitzer der moralisch gesündeste Teil der Gesellschaft waren.

Von solch spektakulärer Gegenläufigkeit abgesehen aber vollzieht sich im Italien der Renaissance eine unaufhaltsame und an ihrem Ende weitgehend abgeschlossene Verfestigung von Führungs- und damit Herrschaftsschichten. Sie sitzen so sicher im Sattel, daß sie zur Mitregierung einladen oder sogar andere regieren lassen können.

Diese Trennung von Amt und Einfluß wurde in der Republik Siena schon unter dem *Noveschi*-Regime von 1289 bis 1355 und auch über weite Strecken des 15. Jahrhunderts vollzogen. Obwohl *de jure* von den führenden Positionen ausgeschlossen, gedeihen die mit Lehen und Landbesitz reich begüterten (und zugleich von Anfang an in der Stadt dominierenden) Adelsclans vom Rang der Salimbeni oder Piccolomini auch unter diesen Sanktionen aufs prächtigste; Angehörige dieser senesischen Ur-Elite besetzen z. B. durchgehend die Schlüsselstellen diplomatischer Gesandtschaften und militärischer Kommandos. In diesem Licht stellt sich das politische Abgeben-Können, wie es hier praktiziert wird, als souveräne Staatsklugheit dar – Maurer und Kleinhändler lassen sich in der Regel durch Teilhabe am Genuß von Macht und Prestige leicht domestizieren.

Zu dieser Einbindung trägt das Ämterkarussell entscheidend bei, das sich in allen Republiken rasend schnell dreht – zwei Monate sitzt man in der Stadtregierung, dann ist man schon wieder draußen und muß eine bestimmte Frist, in der Regel zwischen einem und fünf Jahren, abwarten, bis man wieder hinein darf. Unerschöpflich wird die Fülle der kleineren republikanischen Ämter vor allem durch die städtischen Ressourcen auf dem Land. Die Bewohner des *contado* sind zwar seit jeher rechtlich und fiskalisch benachteiligt, doch keineswegs willenloses Objekt städtischer Politik. Wenn sie sich wie etwa in der Lombardei des 16. Jahrhunderts zu kompakten ländlichen Gemeinden zusammenschließen, können sie sich sogar als überraschend durchsetzungsfähig erweisen. Manchmal sind sie auch lachende Dritte im langen und heftigen Streit zwischen Kapitale und Untertanenstädten. Hatten die Honoratioren ehemals selbständiger, dann in den politischen Sog einer Metropole geratener Städte wie etwa Pistoias oder Volterras unter florentinischer

Herrschaft nach dem Autonomieverlust den rechtlichen und steuerlichen Zugriff auf ihr eigenes Umland zunächst fast vollständig behalten, so bemühen sich Republiken wie Signorien im Laufe des 14. und vollends zu Beginn des 15. Jahrhunderts um stärkere Durchdringung und Gliederung ihres Territoriums.

Dieser innere Straffungsprozeß bringt die aus dem Mailändischen bekannten Amtsträgernetze auch in republikanischen Staaten hervor, wo sie sich überwiegend aus Angehörigen der respektableren hauptstädtischen Mittelschicht rekrutieren. Auf diese Weise erblickt Michelangelo Buonarroti 1475 das Licht der Welt im Provinznest Caprese, wo sein Vater als stolzer *podestà*, als Dorfchef von florentinischen Gnaden, amtiert. Umstritten und umkämpft zwischen der Metropole und den nominell von ihr abhängigen Städten waren weniger diese Pöstchen als vielmehr die tatsächliche Macht – Rechtsprechung und Steuerabschöpfung – auf dem Lande. Hier aber ließ sich, Beispiel wiederum Florenz, der um 1400 vorherrschende Rigorismus einer weitreichenden Enteignung zugunsten der Hauptstadt und ihrer Elite nicht aufrechterhalten. Am Ende arrangierte man sich, und zwar wiederum im Sinne eines Machttauschs – die oberste Machtebene geht an die Kapitale, die Dominanz im Alltag verbleibt im Schatten des Kirchturms. Die Umrisse einer – von Teilen der Forschung als modern hervorgehobenen – regionalstaatlichen Neuordnung in der Renaissance bleiben dadurch eher vage.

Sehr summarisch gesprochen, ändert sich daran auch später, bis zum Beginn tiefergreifender Reformen im 18. Jahrhundert, nicht allzu viel. Gralshüter der Tradition sind nach der Mitte des 16. Jahrhunderts vor allem die Republiken. In ihnen leben zahllose alte Sonderrechte unangetastet fort. Das gilt nicht zuletzt für die Mutter aller Freistaaten, Venedig, das mit den vielen kleinen adeligen Herrschaften unter seiner Hoheit aufs harmonischste auszukommen weiß. Und noch eine Parallele zu den Signorien sticht ins Auge: Auch die republikanischen Führungszirkel unterscheiden sich im Lebensstil immer unüberbrückbarer von ihren Mittelschichten – höfisches Leben blüht auch im Herzen der Republik.

V. Höfe und höfische Gesellschaften

Etappen der Hofbildung

Zur das frühneuzeitliche Europa prägenden Erscheinung als Bühne und Instrument wird der Hof im Italien der Renaissance ausgestaltet, und zwar in dessen ureigenster politischer Hervorbringung, der Signorie. Vor etwa 1430 besteht die unmittelbare Umgebung des Herrschers ganz überwiegend aus zivilen und militärischen Amtsträgern und Ratgebern sowie dem für standesgemäßen Alltag notwendigen Quantum an dienendem Personal. Stark schematisiert von der in der Renaissance einsetzenden Entwicklung abgehoben, ist der ältere, gewissermaßen ‹vor-höfische› Hof durch konkrete Dienstleistungsfunktionen in Verwaltung, Rechtsprechung und Krieg bestimmt. Der darüber hinausgehende Aufwand hält sich meist in engen Grenzen; zum exklusiven sozialen Ambiente wird dieser ältere Hof nur kurzfristig, durch Empfänge, Hochzeiten und sonstige Festlichkeiten. Ziehen sich solche Festivitäten länger hin, ist das den Chronisten regelmäßig erstaunte oder auch kritische Erörterungen wert.

Vor diesem Hintergrund hat die Forschung das ab dem zweiten Viertel des 15. Jahrhunderts durch Personalaufstockung rapide vonstatten gehende Hofwachstum überwiegend als Zugewinn an zentralen Verwaltungspositionen, somit als Bürokratisierungsschritt gewertet. Eine genauere Aufschlüsselung der Neu-Höflinge schränkt diese Thesen wesentlich ein. Ganz oben rangieren die jetzt mehr oder weniger permanent an der Seite des *signore* weilenden Hofedelleute. Deren Stellung kann im einzelnen nahtlose Übergänge zum herrscherlichen Rat und Verwaltungsstab aufweisen, ist aber insgesamt immer deutlicher von diesen Aufgabenbereichen abgehoben und somit verselbständigt. Mit anderen Worten: Die Präsenz heimischer wie auswärtiger Aristokraten am Hof wird zu einem Zweck an sich, den sich der Herrscher einiges kosten läßt – Anwerbeanstrengungen, Gehälter und nicht zuletzt Unterhaltsaufwand. Vornehme Gesellschaft will stilvoll beschäftigt, unterhalten werden.

Aus den Zerstreuungs- und vor allem Repräsentationsbedürfnissen des Hofes erwächst die höfische Kultur. Genügte hier früher eine Minimalausstattung – eine Handvoll passabler Trompeter und Lautenspieler zur Begrüßung vornehmer Gäste –, so werden musikalische Darbietungen, Theateraufführungen, Jagdgesellschaften, feierliche Einzüge und ähnliche Spektakel, je länger das 15. Jahrhundert dauert, desto mehr zu unverzichtbaren Bestandteilen des höfischen Lebens, das sie auf diese Weise in seinem Ablauf gliedern, in seinem Wesen prägen und zugleich funktional rechtfertigen. Wer hier mithalten will, kommt nicht mehr mit Keller, Stall und Haushofmeistern alten Stils aus, sondern muß hochqualifizierte Fachleute mit entsprechendem Regiegeschick anstellen; unübertroffen ist in dieser Hinsicht Leonardo da Vinci (1452–1519), Hofingenieur, *maître de plaisir* und Festdekorateur der Sforza in Personalunion. Ausstattungsstücke des jetzt stark auf prestigeträchtige Außenwirkung hin berechneten Hofes waren in gewisser Weise auch die Gelehrten des neuen, an der Antike orientierten Typus, die Humanisten. Ihr Status am Hof sinkt im Laufe des 15. Jahrhunderts unleugbar ab – dem unerbittlichen Gesetz von Angebot und Nachfrage gemäß. Der intellektuelle Stellenmarkt nämlich begünstigte durch seine zunehmende Übersättigung die Arbeitgeber – die Mächtigen. Ein Federico da Montefeltro etwa fand die vielen von Schmeicheleien überquellenden Bewerbungsschreiben kaum je auch nur einer Empfangsbestätigung wert und ließ sich Prunkredenschreiber nur das absolut notwendige Minimum kosten. Nichts wäre daher verfehlter, als die von Herrschern der neuen Gelehrsamkeit verbal gezollte Reverenz auf deren lebende Vertreter zu übertragen. Einzelnen herausragenden Intellektuellen wie etwa Leonardo Bruni kann spektakulärer sozialer Aufstieg gelingen, bis auf Platz zweiundsiebzig der florentinischen Reichtumsskala, doch sind das Ausnahmen von der Regel. Insgesamt sind die Anstellungs- und damit Lebensbedingungen der meisten Humanisten nach der Mitte des 15. Jahrhunderts eher gedrückt.

Außer um Aristokraten und Humanisten wächst der Hof der italienischen Renaissance, modern ausgedrückt, durch die vielen Serviceleistungen, die mit der standesgemäßen Versorgung der neuen Höflinge notwendig werden. Die dafür reichlich angestellte Dienerschaft hat darüber hinaus, wie von jetzt an im aristokratischen Europa allgemein, einen gewissen Eigenwert – ihre Anzahl, ihre Einkleidung, ihr Organisationsgrad wird selbst zu einem Prestigefaktor. Wie sehr insgesamt die Außenwirkung und nicht die Verwaltungstätigkeit des Hofes dessen Ausbau bestimmt, geht daraus hervor, daß dieser in Mailand und Ferrara, also in ganz unterschiedlich großen Staaten, mit jeweils etwa fünf- bis sechshundert Personen annähernd gleich bestückt ausfällt. Weiterer Beleg für die vorrangig symbolische Bedeutung der Hof-Präsenz: Einheimische Adelige, die der Umgebung ihres Herrschers längere Zeit fernbleiben, geraten automatisch in den Verdacht vorsätzlicher Hof-Vermeidung und fallen in Ungnade, auch wenn sie in ihren Entschuldigungsschreiben ungefähr so erfinderisch sind wie die Schule schwänzende Kinder. Besonders reizbar reagierte Herzog Galeazzo Maria Sforza (1466–1476) auf derartige Absenzen – seinem pompös gefeierten Weihnachtsempfang fernzubleiben kam einer Feindschaftserklärung gleich und zog Sanktionen nach sich. Professionelle Hofverweigerer sind vor allem die Herren der Kleinstterritorien; hier gilt offenbar die unerbittliche Regel, wessen Hof ich frequentiere, dessen Vasall ich bin. Selbst Signori vom Rang Ludovico Gonzagas mußten sich vorm Hof als vornehmer Abhängigkeitsfalle in acht nehmen.

Nähere Rückschlüsse auf den Hof als politisches Instrument lassen sich aus den Stadien seiner Entwicklung ableiten. Summarisch nach dem – in den Grundzügen verallgemeinerbaren – Modell der Este in Ferrara gegliedert, dehnt sich der Hof im Italien der Renaissance zwischen etwa 1430 und 1480 zwar kräftig aus, bewahrt dabei aber, was Lebensstil und Etikette betrifft, noch einen eher familiären Charakter. Das Bad in der Menge seiner zufriedenen Untertanen, das Borso d'Este ausweislich der um 1470 entstandenen Fresken seines Schifanoia-Palastes in Ferrara so ungezwungen und jovial zu nehmen pflegt, weicht schon bald danach viel raffinierteren Auftritten des Herrschers. Höflinge werden jetzt immer strenger nach aristokratischen Abstammungskriterien rekrutiert, höfisches Leben unterliegt zunehmender Reglementierung und Ritualisierung, der Zugang zum Herrscher wird strikter kanalisiert und limitiert – er bleibt, immer häufiger aus der Entfernung, sichtbar, wird aber, im Gegensatz zu Borso, dem *signore* zum Anfassen, schwieriger erreichbar.

Diese Entwicklung schlägt sich in geschriebenen Hofordnungen wie der von Urbino nieder. Sie liest sich als Katalog genau definierter, streng eingeschärfter Pflichten und daraus abgeleiteter Rangstufen. Hofdienst, so verkündet sie, ist kein Beruf, sondern Berufung durch den Herrscher, der durch diese Erwählung ein unauflösliches, lebenslängliches Vertrauens- und Gefolgschaftsverhältnis mit ausgeprägt militärischen und sakralen Zügen begründet. Verrat am Herrn, und sei es nur durch leichtsinnige Übertretung von Verschwiegenheitsgeboten, wird zur Blasphemie, treuer Dienst nahezu zur Nachfolge der Apostel.

Auch bei dieser religiösen Überhöhung schreitet der Musterhof der Este erfinderisch voran. Am Vorabend des Dreikönigsfestes zieht Herzog Ercole (Regierungszeit 1471–1505) mit seinen vornehmsten Adeligen von Haus zu Haus, um milde Gaben für die Armen zu erbitten. Schon bei der ersten Wiederholung seines ursprünglichen Überraschungseffektes entkleidet, bietet dieser vornehme Bettelumzug nun den Untertanen optimale Gelegenheit zu vielfältigen Ergebenheitsbekundungen. Je reicher ihre Almosen ausfallen, desto nachdrücklicher huldigen sie nicht nur der weltlichen Herrschaft, sondern auch der Frömmigkeit ihres Herrn, der sie zum guten Leben und zum ewigen Heil zugleich anleitet. Kein Wunder, daß bei dieser ebenso demütigen wie vornehmen *ventura* Jahr für Jahr regelrechte Viehherden und Käselaiblager zusammenkamen. Mindestens ebensoviel wie seine Untertanen aber gab und gewann der Herzog. Der öffentlichkeitswirksam zelebrierte Demuts- und Fürsorgeritus brachte ihm Armenpflege auf Kosten der Reichen, vor allem aber den Ruf eines christlichen Idealherrschers und damit eine Aura der Unantastbarkeit ein. Dieser Nimbus rundet sich vollends, wenn Ercole vor Ostern lebende Abendmahlsbilder inszeniert und dabei zwölf ausgewählten Armen selbst die Füße wäscht. Fazit: Exzentrische Frömmigkeit wird zielgerichtet zu komplexer Interaktion und medienwirksamer Kommunikation mit der Öffentlichkeit eingesetzt.

Das einzigartig intensive Musikmäzenatentum der Este komplettiert das Gesamttableau eines Hofes, der – sorgfältig auf Bedürfnisse und Mentalitäten abgestimmt – jedem das Seine bietet: dem Volk anrührende Schauspiele frommer *caritas*, den höheren Kreisen ebenso zu Herzen gehende wie die Sinne überwältigende Gesangsdarbietungen. Daß in beiden Fällen der Herzog mitmacht, spiegelt die neue Aufgabenverteilung am Hofe vollends wider: Herrschaftsausübung ist zur Rolle in einem unendlichen Stück geworden, das Einstudierung bis in die letzte Geste hinein erforderlich und Privates öffentlich macht.

Der Hof als Bühne

Spätestens um 1500 ist der Hof somit zur Schaubühne geworden, auf der sich sakrale und mondäne Schauspiele, Sehen und Gesehenwerden vielfältig vermischen. Läßt sich ein auf den Ruf altväterlicher Volkstümlichkeit bedachter Herrscher wie Borso d'Este in den Schifanoia-Fresken noch als Ausrichter und interessierter Zuschauer eines *palio*, eines Pferdewettrennens zur Belustigung des Volkes, darstellen, so reißen spätere Feste Standesschranken nicht mehr ein, sondern bauen sie im Gegenteil weiter aus – durch immer sorgfältigere Unterscheidung zwischen Akteuren und Publikum, zwischen oben und unten. Dabei fällt dem Herrscher die tragende, seinen Höflingen die dienende, den übrigen Schichten, nach ihrem Rang abgestuft, die akklamierende und bewundernde Rolle zu – bei aller räumlichen und symbolischen Entfernung darf die Kommunikation zwischen Hof und Volk doch nicht abreißen. Ausstattung und Requisiten der Bühne versinnbildlichen und vertiefen das dargebotene Stück: Mit der Renaissance hat die Stunde ausgeklügelter Herrschaftsurbanistik geschlagen.

Dieser symbolische Städtebau älteren Stils, wie er sich bis heute in Vigevano oder Carpi eindrucksvoll erhalten hat, plaziert den Palast des *signore* trutzig, ehrfurchtgebietend, herausgehoben aus dem Siedlungskern der Untertanen. Deren Crème wiederum schart sich, überschaubar, gleichförmig und jederzeit zu Diensten, um die geometrisch angelegte zentrale Piazza und versinnbildlicht auf diese Weise eine ebenso hierarchische wie harmonische soziale und politische Ordnung. Diese Ensembles erweitern sich mit zunehmender Exklusivität des Hofes um ein neues charakteristisches Hauptstück, die vorstädtische oder auch ländliche Residenz. Mit ihrer Lage außerhalb der Stadtmauern versinnbildlicht sie die jetzt immer stärker betonte Entrücktheit des Herrschers, sein Verweilen in einer Sphäre erhabener Abgeschiedenheit. Hier gelang Federico II. Gonzaga (Regierungszeit 1519–1540) der große Wurf. Mit seinen kostspieligen Stallungen hochgezüchteter Reitpferde und seinen ebenso kühn komponierten wie leicht verruchten Fresken stürzender Titanen und ausschweifender Satyrn bezeichnet der ab 1526 von Giulio Romano errichtete und dekorierte Palazzo del Tè vor den Toren Mantuas den unübertroffenen Höhepunkt stilvoller Zurückgezogenheit in Sichtweite der ehrfurchtsvoll staunenden Untertanen.

Auf einer weitaus elementareren Ebene ist der Hof hoch, nicht selten bis zur Unbehaglichkeit verdichteter Lebensraum immer stärker rangmäßig voneinander abgesetzter Personen, die nicht nur immer ausgefeilterer Anleitung, sondern auch stetig vermehrter Unterhaltung bedürfen. Das entsprechende Angebot des Hofes ist damit weder ‹Verschwendung› noch Selbstzweck, sondern – über alle propagandistischen Außenwirkungen hinaus – in hohem Maße ein Steuerungsmittel für Verhalten und Mentalitäten einer Menschengemeinschaft mit immer weiterreichenden Repräsentationsaufgaben. Was schon zeitgenössischen kritischen Beobachtern wie Enea Silvio Piccolomini, dem späteren Papst Pius II., als Vergeudung von Lebensenergie und Talent durch ziellose Vergnügungen erscheint, ist also nicht Spiel, sondern professioneller Ernst. Was sich spontan gibt, ist strategisch geplant. Auf diese Weise wird der Hof der italienischen Renaissance zur Prägestätte eines neuen, seine Ressourcen zielgerichtet einsetzenden Menschentyps. Dieser Erlernbarkeit höfischen Lebens entsprechend, haben Handbücher Konjunktur, die Idealbilder von Hof und Höfling zeichnen. In Baldassare Castigliones ‹Buch vom Hofmann› – ein europäischer Langzeit-Bestseller von seinem Erscheinen im Jahre 1528 an und u. a. bevorzugte Lektüre Kaiser Karls V. – fordert der Hof den ganzen, auch den innersten Menschen, ja dessen letzte psychische und emotionale Reserven im Dienst eines Herrn, mit dem der Höfling bei aller Selbstentäußerung und Selbstaufopferung zugleich feste klienteläre Bande webt – Hofdienst gegen Exklusivität und Privilegien. Dabei besteht die höchste Kunst konsequenterweise darin, Vereinnahmung als Freiwilligkeit, Entfremdung als Selbstverwirklichung auszugeben – der Hof lehrt nicht zuletzt die Technik der *dissimulazione*, der Verstellung.

Die Wirklichkeit dürfte prosaischer sein. Willenloses Geschöpf seines Herrn wird der Adel weder am Hofe der Renaissance noch später, Ende des 17. Jahrhunderts, im Versailles Ludwigs XIV., dessen italienische Vorbilder durchaus erkennbar sind. Hofdienst und aristokratisches Standesbewußtsein, das immer auch ein gerüttelt Maß an innerer und äußerer Unabhängigkeit vermittelt, schließen sich nicht aus, im Gegenteil. Sieht man von den Kleinst-*signori*, die den Hof als Unterwerfungsort vermeiden, als Sonderfall ab, dann gibt der Hof dem Adel mindestens soviel, wie er ihm nimmt. Die Einbußen an patriarchalisch-bodenständiger Selbstherrlichkeit machten der gesicherte Platz im Patronagezentrum der herrscherlichen Residenz und der Zugewinn an Vornehmheit allemal wett. Auch wenn der Löwenanteil des vom Hof erzeugten Prestiges dem *signore* zufließt, fällt auf dessen unmittelbare Umgebung doch mehr als ein Abglanz davon – Abhängigkeit und Nutzen sind also wechselseitig, das Hofleben ist symbiotisch angelegt. Daraus aber folgt, daß der Herrscher, auch wenn er im Einzelfall weiterreichende Absichten hegen sollte, maximal eine gewisse

Kontrollaufsicht über seine Elite, nicht aber deren dauerhafte Gefügigkeit gewinnt. Zugleich erlegt ihm sein Hof mühsame Pflichten auf. Ein aus der Sicht des *signore* erfolgreicher Hof wächst nicht von selbst, sondern bedarf der sorgsamen sozialen und geographischen Ausbalancierung. Die Faustregel der richtigen Hof-Mischung lautet ungefähr wie folgt: Man nehme, in jeweils repräsentativen Querschnitten, die Crème der hauptstädtischen Aristokratie und des übrigen Herrschaftsgebietes und versuche, die unvermeidlichen Unverträglichkeiten zwischen diesen potentiell verfeindeten Segmenten soweit wie möglich einzuschränken; darüber hinaus füge man als stabilisierendes Element eine kräftige, den etablierten Familien gerade noch zuträgliche Dosis neu aufgestiegener, ihrem Herrn daher besonders ergebener Männer hinzu und garniere das Ganze mit einer ansehnlichen Portion auswärtiger Edelmänner. Sie bilden eine unverzichtbare Abrundung, weil sie die Ausstrahlungskraft des Hofes anzeigen und ihn mit anderen Zentren sozial vernetzen.

Solche Anbindung gelingt exemplarisch den Höfen, die als Pflanzstätten einer neuen, zugleich gelehrten wie aristokratischen Fürstenerziehung Elitennachwuchs aus ganz Italien anzuziehen vermögen. Kultstatus genießen in dieser Hinsicht Mantua und Ferrara, wo mit Vittorino da Feltre (1378–1446) bzw. Guarino da Verona (1374–1460) die beiden berühmtesten humanistischen Pädagogen ihrer Zeit wirken, und danach das Urbino Federico da Montefeltros, der seine Ausbildung zum Modell-*signore* bei Vittorino erhielt, und seines chronisch kranken Sohnes Guidobaldo (1472–1508). Unter ihm vermehrt sich die aristokratische ‹Ausländerquote› allerdings so stark, daß der landsässige Adel zu murren beginnt.

Bedroht wird das stets prekäre Gleichgewicht innerhalb der höfischen Gesellschaft jedoch häufiger durch unausgewogene Vertretung der heimischen Elite. So etwa wird der Hof der Sforza in Mailand quasi von Beginn an als zu parvenühaltig, zu stark mit den Gefolgsleuten des neuen Herzogs, zu schwach mit Vertretern der großen Mailänder Familien besetzt kritisiert. Dieses Ungleichgewicht spiegelt jedoch nicht nur die Hofplanung des neuen Herrschers, sondern auch die Verweigerungshaltung zumindest eines Teiles der alten Oberschicht wider, die sich, wie etwa die Trivulzio, dagegen wehren, mit Seiteneinsteigern hofgemein zu werden. Ein durch seine Leerstellen hervorstechender Hof wie der der Sforza, der auf Dauer an sozialer Schieflage laboriert, kann als permanentes Sinnbild nicht integrationsfähiger Herrschaft zu deren akuter Gefährdung werden. Das positive Gegenstück aber verspricht dem Herrscher, über die bessere Überwachbarkeit seiner mächtigsten Untertanen hinaus, vor allem drei Herrschaftsvorteile. Zum einen mußte die Einbindung der Geburtselite in eine stetig verfeinerte Etikette deren kriegerischen, gewalttätigen Verhaltenskodex zivilisieren – siehe das erwähnte Beispiel der Colonna und Orsini an der Kurie nach 1550 – und damit Herrschaftsakzeptanz auf oberster Ebene befördern. Zum anderen hilft die räumliche Konzentration der einflußreichen Persönlichkeiten seines Territoriums dem Herrscher, den für seine Machtausübung ausschlaggebenden Patronagevorrang zu gewinnen und zu behaupten, kann er doch die Netzwerke des Adels jetzt effizienter überschauen und bei Bedarf auch einreißen. Vor allem aber versieht ihn sein Hof mit einem zu Festigung und Ausbau seiner Position dringend benötigten Verherrlichungs- und Verklärungspotential. Gemessen an den – in ganz Europa weitgehend toter Buchstabe bleibenden – theoretischen Entwürfen ‹absolutistischer› Herrschaft ist das wenig, bezogen auf die tatsächlichen Grundlagen und Zielvorstellungen der Signorie eine ganze Menge.

Der Hof als Herrschaftsmittel

Mindestens ebenso intensiv wie nach innen aber ist die Wirkung des Hofes nach außen berechnet, als Instrument der Diplomatie. Für Staatsgäste gegebene höfische Feste sind planvoll eingesetzte Schaurituale; sie sollen den Hof als perfekt geordneten Mikrokosmos darstellen, als Ruhmesmaschinerie des Herrn dessen Autorität zeigen und schrauben nach dem Prinzip Nachahmung und Übertreffen die Aufwandsspirale stetig nach oben. Was es materiell, organisatorisch, aber auch von der persönlichen Beanspruchung her bedeutete, Gastgeber eines italienischen Fürstenkongresses unter der Ägide des Papstes zu sein, erfuhren der Hof von Mantua und sein Haupt Marchese Ludovico Gonzaga 1459 am eigenen Leib. Aber auch wenn der Initiator der politisch wenig erfolgreichen, dafür um so mondäneren Veranstaltung, Pius II. Piccolomini, in seinen an Spott und Häme reichen Pontifikatsmemoiren genüßlich den (in der Familie Gonzaga erblichen) Buckel des Markgrafen und die peinlichen Beherbergungsengpässe vermerkt: Der enorme Prestigezugewinn Mantuas auf italienischer, ja internationaler Bühne durch dieses Ereignis steht außer Zweifel. Denn der Öffentlichkeit vermochte sich die (bis heute) kleine Stadt am Mincio als eine kultivierte, überparteiliche Freistätte des friedlichen und befriedenden Mächtedialogs zu präsentieren.

Dieser gerade von den kleinen höfischen Zentren auch in der Folgezeit sorgfältig gepflegte Ruf nationaler Kultur- und Ausgleichsstätten konnte in einem immer stärker von symbolischen Werten bestimmten System wie der italienischen Staatenlandschaft des 15. Jahrhunderts sehr wohl indirekte Schutzwirkungen entfalten, d. h. eine Art Quasi-Unantastbarkeit als schützenswertes Biotop verleihen. Wieviel ein solcher Nimbus wert war, wenn es wie ab 1494 hart auf hart ging, ist schwer zu veranschlagen. Pauschal ist der Stellenwert von Image, definiert als in den Köpfen der Mächtigen verbreitete Vorstellung vom Prestige der Konkurrenten, im Italien der Renaissance als hoch zu veranschlagen – die (im nächsten Kapitel ausführlicher erzählte) Moritat von Hochmut und Fall des ebenso schönen wie stolzen Herrn von Rimini, Sigismondo Malatesta, belegt diesen Stellenwert *ex negativo*.

Wie unverzichtbar der Hof geworden ist, zeigt seine Übernahme in den ihm eigentlich fremden Kontext der Republik. Hier läßt sich die Gesetzmäßigkeit aufstellen, daß republikanisch auf Dauer nur das System bleibt, welches der Hofbildung durch seine führenden Familien einen Riegel vorschiebt. Das geschieht mit letzter Konsequenz nur in Venedig, wo die Selbstdarstellung der großen *nobili* strenger Kontrolle untersteht, nicht aber in Florenz, wo die Medici nach der Machteroberung des von ihnen geführten Netzwerkes nicht nur die neuen Propagandamedien der Zeit ausnutzen und ausweiten, sondern auch in ihrem Stadtpalast in der Via larga und vor allem in ihren ländlichen Villen wie etwa in Poggio a Caiano nahe Prato höfisches Leben der elegantesten Art organisieren und praktizieren. Dabei kommt ihnen ein einzigartiger Glücksfall zugute: Ihr Familienoberhaupt Lorenzo, genannt il Magnifico, ist selbst ein ebenso produktiver wie kreativer Literat, dazu ausgewiesener Kunstkenner, der den Patriziern in seiner Umgebung ab den 1470er Jahren innovative Normen eines kulturell veredelten Verhaltenskodex vorzuleben vermag, so wie er selbst von diesen Regeln geprägt wird. Das war für den Inhaber eines Bankhauses nicht ohne Risiko. Sein Generalmanager Francesco Sassetti etwa, dessen Grabkapelle in S. Trinità Domenico Ghirlandaio 1485 vollendete, war wie sein Chef ein feinsinniger Mäzen, doch als Geschäftsmann eine Fehlbesetzung; unter seiner Leitung steuert die Medicibank ab 1469 zielsicher in den Bankrott. Um so bedeutsamer wird für Lorenzo de' Medici, offiziell ‹erster Mann› der Republik, aber ohne eigentliches Führungsamt, seine Rolle als Mittelpunkt eines höfischen Zirkels, in dem die Häupter der einflußreichsten Familien von Florenz vertreten sind. In diesem durch exklusiven Lebensstil und elitäres Selbstverständnis immer homogener zusammengeschlossenen Milieu läßt sich politische Patronage – das Hauptinstrument mediceischer Politik – erfolgreich ausüben, hohes persönliches Prestige zu regelrechtem Charisma steigern und als Summe des Ganzen ein Mythos in eigener Sache konstruieren – der Ruhm des alle Aktivitäten souverän koordinierenden Übermäzens, ja des Hervorbringers eines Goldenen Zeitalters des Friedens in Italien und der Kulturblüte in Florenz.

Auf der anderen Seite aber wird der republikanische Hof Lorenzos neben dem Stadtpalast zum zweiten Brennpunkt eines politischen Systems, das sich vom Kreis zur Ellipse umformt und dadurch spannungshaltig, ja konfliktträchtig wird, was wiederum eine reichhaltige Kultur der Beschwichtigung und Verschleierung hervorbringt. Mit anderen Worten: Der Hof in der Republik ist ein ebenso chancenreiches wie riskantes Experiment. Er hebt seinen Mittelpunkt über die Mitbürger weit hinaus, erzeugt dadurch aber auch Ressentiments, Aufhol- oder sogar Rachegelüste.

Diese Erfahrungen machten wie so viele andere ihresgleichen die Bentivoglio als Schwellen-Signori von Bologna. Mit Sante (1424–1462) und Giovanni II. (1443–1508) stehen sie hart an der Grenze zur formellen Einzelherrschaft in Bologna, ohne diese jemals zu überschreiten. Noch so großangelegte Versuche, durch aufwendige Feste und Bauten die eigene Vorherbestimmung zu unumschränkter Herrschaft unter Beweis zu stellen, stimmen die führenden Familien nicht um – im Gegenteil, sie tragen zu deren gewaltsamen Gegenreaktionen bei, die sich 1488 und 1501 nur blutig unterdrücken lassen. Am Ende aber spricht das zwischenzeitlich erstarkte Papsttum ein Machtwort: keine echte oder verkappte Signorie in seiner zweitwichtigsten Stadt! Nach der zweiten und endgültigen Vertreibung der Bentivoglio durch die Truppen Julius' II. im Jahre 1512 findet Bologna – sprichwörtlich (durch seine Universität) gelehrt und (durch sein fruchtbares Umland) fett – bis zur napoleonischen Eroberung Italiens 1797 zur ihm gemäßen politischen Form einer untereinander wie mit der römischen Elite eng vernetzten lokalen Oligarchie unter lockerer Oberhoheit eines päpstlichen Legaten, der sich in der Regel weise mit einer Schiedsrichterrolle zwecks Ausgleichs- und Friedensstiftung begnügt.

Eine höfische Gesellschaft ganz eigener Art entwickelt sich in Rom ab dem letzten Viertel des 15. Jahrhunderts. Hier nämlich gibt es außer dem päpstlichen Hof eine Reihe weiterer mit diesem und untereinander konkurrierender Höfe. Deren Mittelpunkt bilden die reichsten und mächtigsten Kardinäle. In den Augen der europäischen Herrscher wie ihrem eigenen Selbstverständnis nach sind sie durch Ämter, Einkünfte und europäische Beziehungen Kleinherrscher mit beträchtlicher Autonomie gegenüber ihrem Herrn, dem Papst, und zudem Thronprätendenten in Lauerstellung, die sich für das nächste Konklave günstig zu positionieren versuchen. Auch sie finden in Gestalt des kurialen Humanisten Paolo Cortesi ihren

Schiedsrichter des guten Geschmacks, der ihnen mit seinem Traktat ‹De cardinalatu› (1510) ein Handbuch der ebenso eleganten wie dezenten Hofhaltung verfaßt.

Die großartigsten dieser Kardinalshöfe werden von Nepoten errichtet – der Palazzo Venezia von Pietro Barbo, dem Neffen Eugens IV. (und später als Paul II. selber Papst), die (später, nach Enteignung zugunsten der apostolischen Kammer, sogenannte) Cancellaria von Raffaele Riario, dem Nepoten Sixtus' IV. Sie verfügen nicht nur über schier unerschöpfliche Geldmittel, sondern hegen auch die kühnsten Pläne, nämlich selbst den Thron Petri zu besteigen. Immerhin fünf von ihnen gelingt dieses Familien-Comeback. Außer Paul II. (1464–1471) waren noch Alexander VI. (1492–1503), Pius III. (1503), Julius II. (1503–1513) und Clemens VII. (1523–1534) nahe Blutsverwandte eines Pontifex maximus. Dann aber reißt diese Serie unwiderruflich ab. Der Geist der katholischen Reform, der sich ab etwa 1535 auszubreiten beginnt, verbietet solche Wiederholungen – das Papstamt gehört dem Würdigsten, nicht einer Familie, so lautet jetzt die Botschaft.

Zwischenzeitlich hat der Papst einen immer größeren Prestige- und Machtvorsprung vor seinen ehemaligen Machtkonkurrenten gewonnen. In einem ebenso simplen wie genialen Schachzug hatte Leo X. 1517 mit der Ernennung von einunddreißig neuen Kardinälen den Rang des Amtes und seiner Inhaber irreparabel herabgedrückt. Aber auch baulich war das Oberhaupt der Kirche uneinholbar davongezogen: Im unter Julius II. monumental ausgebauten Vatikan residiert jetzt ein Herrscher, der durch konsequente Ausnutzung seines stetig wachsenden Patronagevorrangs seinen Hof zum Maß aller Dinge am Tiber auszugestalten vermag. Allerdings um einen hohen Preis: Daß im Belvedere-Hof des Vatikanischen Palastes ohne Scheu prunkvolle Ritterturniere ausgefochten werden, befremdet keineswegs nur moralische Puristen. Ein Ende finden diese mondänen höfischen Veranstaltungen erst nach 1565, gemessen an der dagegen laut gewordenen Kritik erstaunlich spät. Im 17. Jahrhundert aber wird die *corte di Roma*, der päpstliche Hof, sittlich gereinigt, wieder zu einem Zentrum mit Ausstrahlungs- und Anziehungskraft von höchstem europäischen Rang.

Was hatte eine Republik wie Venedig solchen Höfen entgegenzuhalten? Dreierlei, und zwar untrennbar verwoben. Zum einen besaßen die Venezianer eine Bühne, mit der auch die stolzeste fürstliche Residenz nicht zu konkurrieren vermochte: ihre Stadt. Wie absichtsvoll, ja weihevoll man sie in Szene setzte, zeigt der Bericht Philippe de Commynes über seine Reise nach Venedig, das er 1495 für die Pläne seines Königs Karls VIII. günstig stimmen soll. In der Staatsbarke von der See her auf die Schauseite der Republik, auf Dogenpalast und Markusbasilika, zufahrend, erliegt selbst dieser abgebrühte Skeptiker dem Mythos der Stadt im Meer: Als sichtbares Sinnbild der Tüchtigkeit ihrer Erbauer und Bewohner, als Symbol von Eintracht und Unbezwingbarkeit der Venezianer erscheint sie ihm. Diese aber hatten nicht nur unvergleichliche Kulissen, sondern auch eindrucksvolle Riten zu bieten. Das reich ausgebildete Dogenzeremoniell mit seinen prunkvoll zelebrierten symbolischen Verrichtungen, etwa der Vermählung mit dem Meer, gewährt reichlich Gelegenheit zur Entfaltung höfischen Glanzes um ein Staatsoberhaupt, das dabei nie als Herrscher eigenen Rechts, sondern immer als höchster Treuhänder der Republik ausgewiesen ist. Dieselbe Botschaft, daß der einzelne in eine durch Abstufung ausgewogene und gerechte Ordnung eingefügt lebte, verkündeten schließlich tagtägliche Umzüge und Prozessionen, wie sie Gentile Bellini in seiner berühmten Ansicht des Markusplatzes von 1496 festgehalten hat; religiös in Anlaß und Charakter, lassen auch sie, etwa durch die Unterscheidung der vielen Ämterkollegien und Amtstrachten, das Wirken eines Staates hindurchscheinen, der jedem das Seine zu geben beanspruchte.

VI. Herrschaftsbilder und Ruhmeshallen

Hofbilder und Hofkünstler

Als Dreh- und Angelpunkt der Selbstdarstellung nach innen und außen wird der Hof selbst zum Gegenstand zielgerichteter Propaganda, zum Bildthema, und als solches zum Mittel der Selbstvergewisserung und Selbsterziehung einer höfischen Gesellschaft. Diese Aufgabe fällt den von Francesco Cossa, Ercole de Roberti und anderen zwischen 1469 und 1471 gemalten Fresken im Palazzo Schifanoia schon durch die Zweckbestimmung des Ortes zu, an dem sie entstehen: Sie dekorieren einen Teil der Räumlichkeiten, in denen der Hof von Ferrara seine Feste und mit diesen sich selbst feiert.

Thema des Zyklus sind die zwölf Monate des Jahres, die sie regierenden Planeten und die ihnen zugeordneten Gottheiten. Diese paradieren über den dazugehörigen Tierkreiszeichen auf der obersten Ebene, triumphal, mit phantastischen Gerätschaften ausstaffiert und von Höflingen, wie sie sein sollen, umgeben. Ganz unten aber tummelt sich der Hof von Ferrara, dienstbar und nützlich um seinen Herrn, Herzog Borso d'Este. Er ist der Held dieser Bilder, die Seele seines Staates, Mittel- und Ausgangspunkt einer gerechten sozialen und politischen Ordnung. Deren sinnreiches Gefüge verdeutlichen die Hintergrundszenen. Hier nämlich werden die im jeweiligen Monat anfallenden landwirtschaftlichen Tätigkeiten verrichtet, in einträchtigem Zusammenspiel der verschiedenen Gewerbe, von Jung und Alt. Und mittendrin immer wieder Borso – zur Jagd ausreitend, Recht sprechend. Bei ihren Festen hatten die Höflinge im Palazzo Schifanoia also ein gemaltes Lehrbuch mit sorgfältig aufeinander abgestimmten Lektionen über musterhaftes Verhalten und zugleich eine sinnfällige Unterweisung über ihren Platz in der Welt vor Augen. Die wohlgeordnete kleine Welt des Hofes von Ferrara fügt sich nahtlos in den Makrokosmos der Erde, des Himmels, der Gestirne und damit Gottes. Dienst am Hof Borsos, des gerechten, von den Gestirnen vorherbestimmten Herrschers, wird zum gottgefälligen Leben und sichert das ewige Heil.

Seine Herrschaftsausübung geschieht im Geiste robuster, patriarchalischer, unkomplizierter Gerechtigkeit und jovialer Volksverbundenheit. Das Idealbild des Hofes wird auf diese Weise rückwärtsgewandt, gegenwartsflüchtig, Beschwörung einer durch die Regierung Borsos bewahrten guten alten Zeit. Analog dazu ist der Geist, der die mythologischen Szenen der Fresken durchweht, aus Ritterromanen geschöpft. Geschichten von Artus und seiner Tafelrunde waren, wie Ausleihlisten belegen, die Lieblingslektüre der vornehmen Gesellschaft Ferraras. Wie in diesen fiktionalen Texten wimmelt es in den oberen Bildfeldern von Liebesgärtlein, innigen Treueschwüren und anmutigen musikalischen Darbietungen. Unten geht es nicht weniger harmonisch, doch dafür etwas derber zu. Waffenlos im Kreise seiner Untertanen geborgen, lacht Borso herzlich über die Possen eines Spaßmachers (Abb. 1). Er kennt sein Volk, mischt sich darunter, ohne sich mit ihm gemein zu machen. Und er respektiert seinen innigsten Wunsch, daß alles so bleiben möge, wie es ist – nur ein bewahrender, auf Modernisierung verzichtender Herrscher ist ein guter Herrscher.

Auch das verkünden die Bilder, zur Beruhigung der Gemüter. Zugleich zeigen sie eine besondere Form von Multikulturalität, nämlich die ungebrochene Anziehungskraft der nordfranzösisch-burgundischen Ritterwelt auf die Eliten im Italien der Renaissance. Dieser aristokratischen Sphäre wußten sich die Este überdies durch Abstammung und Verwandtschaft (z. B. mit dem Geschlecht der Welfen) wie kein anderes Herrscherhaus verbunden. Somit verdeutlichen die Fresken im Palazzo Schifanoia allgemeingültige Wirkungsgesetze gemalter Propaganda: Um gebührenden Eindruck zu machen, muß sie auf einem harten faktischen Kern aufbauen, nach dem Grundsatz: «Ein jeder wuchere mit seinem Pfund». Das der Este war Alter und Vornehmheit. Auch wenn Cossas und Robertis Bilder geschmacklich schnell veralten sowie sehr bald übermalt (und bis heute

Abb. 1: Francesco del Cossa, Monat April,
Borso d' Este und der Spaßmacher, 1470 vollendet,
Ferrara, Palazzo Schifanoia

mühsam restauriert) werden – die in ihnen angeschlagenen Leitmotive prägen die Selbstdarstellung der Este bis zu ihrem Erlöschen.

Dieses aristokratische Stammkapital besaßen ihre Nachbarn in Mantua, die Gonzaga, nicht. Dem niedrigen Vasallenadel der Region entstammend und unter anfechtbaren Umständen 1328 an die Macht geputscht, mußten sie ihr Prestige stärker in der Gegenwart suchen. Ihr emblematisches, d. h. die Vorstellung

Abb. 2: Andrea Mantegna, Marchese Ludovico Gonzaga empfängt einen Brief im Kreis seiner Familie und seiner Höflinge, 1474 vollendet, Mantua, Palazzo Ducale, Camera degli Sposi

der Nachwelt wie kein anderes prägendes Bild, Mantegnas 1474 vollendeter Freskenzyklus in der (erst später so genannten) Camera degli Sposi des Mantuaner Stadtschlosses, zeigt die herrschende Familie dementsprechend nicht mythologisch oder historisch kostümiert, sondern im Hier und Jetzt (Abb. 2). Welche Augenblicke der Gonzaga-Zeitgeschichte genau dargestellt sind, darüber hat die ikonographische Forschung lange gestritten. Außer Frage steht, daß eine der Fresken die Begegnung des Marchese Ludovico Gonzaga mit seinem Sohn Francesco zeigt, den Pius II. 1461 zum Kardinal erhoben hatte – die Gastgeberrolle beim Fürstenkongreß zwei Jahre zuvor zahlte sich aus. Welchen Brief aber liest Ludovico im Kreise seiner Familie und vertrautesten Höflinge? Daß dem Markgrafen die Nachricht vom Kardinalshut für Francesco überbracht wird, läßt sich nach bloßem Augenschein ausschließen. Die Mienen der harmonischen Runde zeigen nicht Freude oder Genugtuung, sondern überwiegend ernste Sammlung, wie sie den Empfängern einer schicksalsschweren Botschaft wohl ansteht. Frohe Post aus Rom wäre zudem nicht so unerwartet eingetroffen wie dieses Schreiben, das per Sonderkurier einem noch ganz leger, in Hausgewand und Pantoffeln gekleideten Herrscher überreicht wird. Um ihn, den Auftraggeber der Bilder, geht es, er ist ehrenvoll gefordert: Francesco Sforza – so dürfte er, den Forschungen Signorinis zufolge, mit an Sicherheit grenzender Wahrscheinlichkeit soeben erfahren – liege im Sterben, die Anwesenheit Ludovicos, seines treuesten Paladins und *condottiere*, am Hof von Mailand sei dringend erforderlich – als Krisenmanager, ja als Retter in der Not, als Ordnungsstifter auf italienischer Bühne.

Alles blinder Alarm, wie sich schnell zeigte, der Herzog von Mailand hatte noch einige Jahre zu leben. Obwohl *de facto* folgenlos, ist die Begebenheit dem Marchese von Mantua bedeutsam genug, um zum Ausgangspunkt und Aufhänger repräsentativer Selbstdarstellung zu werden, und zwar ihres im Gonzaga-Interesse ausgestaltbaren Gleichnisgehalts wegen. So wird der Schrecken am frühen Morgen zum Stoff, aus dem die ruhmvollen Träume sind, zur Parabel immerwährender Treue und Redlichkeit eines *signore*, seiner Familie und seines Staates. Mögen andere fremde Not schnöde zu eigener Expansion ausnutzen, auf den Herrn von Mantua ist unwandelbar Verlaß – auf allen Ebenen. Loyal zu seinem großen Verbündeten, ist er durch die Erhebung seines Sohnes in den Senat der Kirche als deren treuer Sohn ausgewiesen und schließlich, wie die traute Versammlung versinnbildlicht, seinen Kindern und seinen Untertanen ein fürsorglicher Familienvater, kurz: die ideale Verkörperung eines politischen Systems, das auf wechselseitigem Vertrauen beruht. An diesem Hof, so die Bildbotschaft, herrschte die heitere Geselligkeit einer ebenso einträchtigen wie hierarchisch geordneten Menschengemeinschaft, der Gesittung zur zweiten Natur geworden war. Gegen jedes Über-die-

Stränge-Schlagen und Aus-der-Rolle-Fallen von innen gefeit, läßt dieser menschlichste und zugleich gesetzteste aller Höfe sogar die karnevalsgleiche Scheinumkehr von oben und unten zu – lachende Dienstboten weiblichen Geschlechts sehen, über eine Brüstung gelehnt, auf ihre Herrschaft herab. Diese vergibt sich dabei nichts, so sehr ist sie sich in aller Gelassenheit ihrer Autorität bewußt. Erziehung in Mantua setzt nicht auf rohe Repression, sondern auf die Kraft der Selbstausbildung. Dazu gehört auch affirmative Ironie, die Distanz zu sich und der eigenen Rolle schafft – um sie desto besser zu spielen. Treue verkörpert im übrigen auch der Hofhund mit den Schlappohren. Wie jedes Lebewesen im Schloß hat auch er, Rubino genannt, seine Pflichten, nämlich dem vielbeanspruchten Marchese gute Laune zu bereiten. Auch wenn der Vierbeiner, wie die Hofkorrespondenz zu berichten weiß, gelegentlich seinen animalischen Instinkten freien Lauf läßt und das Weite sucht, hat er diese Aufgabe doch treulich erfüllt – bei seinem Tod ist ihm ein würdiger Nachruf der Markgräfin sicher.

Sie, Barbara von Brandenburg, ist im Bild als gleichberechtigtes zweites Haupt des Hofes dargestellt, und das nicht von ungefähr. Zum einen hat die Fürstin eines italienischen Mittelstaates einen weitgesteckten Aufgabenbereich; als Gattin eines vielbeschäftigten *condottiere-signore* agiert sie über weite Strecken als dessen heimische Statthalterin. Humanistische Erziehung wird dieser Rollenverteilung gemäß gerade in Mantua auch den Töchtern des Herrschers zuteil. Darüber hinaus ist die Marchesa als Tochter eines Kurfürsten des Heiligen Römischen Reiches ein lebender Prestigetitel der Gonzaga. Von deren Ebenbürtigkeit mit gekrönten Häuptern haben die Bilder noch mehr zu verkünden. Der auf höfischem Parkett bewanderte Betrachter erkennt die (nachträglich eingefügten) Porträts Kaiser Friedrichs III. und König Christians I. von Dänemark, der auf seiner vielbestaunten Romfahrt 1474 zweimal bei seiner Schwägerin in Mantua Station machte. Geachtet und geschätzt von den Großen seiner Zeit, Garant gerechter Verträge, eines geordneten Gefüges im Inneren und eines gesamtitalienischen Gleichgewichts nach außen, tritt Ludovico in den Fresken der

Camera degli Sposi als Idealherrscher eines selbstgeschaffenen Mikrokosmos hervor, in dem jedem der ihm gemäße Platz angewiesen und Hofdienst daher letztlich Gottesdienst ist.

Im Verhältnis zur Ausstattung des Palazzo Schifanoia markieren die ungefähr gleichzeitig entstandenen Fresken Mantegnas, so ähnlich ihre Aussage in manchem auch ausfallen mag, in zweifacher Hinsicht einen Entwicklungsschub. Zum einen hat der gemalte Hof von Mantua gegenüber der robusten Bodenständigkeit Borso d'Estes ein immenses Mehr an Etikette, an Selbstdisziplin, an Vornehmheit, mit einem Wort: an höfischer Zivilisiertheit dazugewonnen und ist doch von der alle Lebensbereiche durchdringenden Inszeniertheit des Hofs um 1500 noch weit entfernt – in dieser Hinsicht ist das gemalte Bild des Hofes für dessen reale Entwicklung aussagekräftig.

Ungleichzeitigkeit des Gleichzeitigen sticht auch auf der Seite der in Ferrara und Mantua tätigen Künstler hervor. Werden Francesco Cossa und Ercole de Roberti nebst Gehilfen noch als handwerkliches Kollektiv angestellt und bezahlt, so ist Andrea Mantegna (1431–1506) als Hofkünstler eines neuen Typs aus dieser zünftischen Gebundenheit in eine gehobenere, aber auch exponiertere Position aufgerückt. Sein Aufstieg spiegelt den stark erhöhten Stellenwert von Propaganda im allgemeinen und die zunehmende Eigendynamik des Mediums über die Message hinaus: Kunstwerke von Meisterhand rücken jetzt zu prestigeträchtigen Kultobjekten auf, Eigenhändigkeit wird zum Eigenwert. Zur selben Zeit wertet die humanistische Kunsttheorie den Auftraggeber zum Mithervorbringer, ja geradezu zum Spiritus rector des kreativen Prozesses auf – nach dem Muster, daß nur wahre Herrscher von Gott die Gnade verliehen bekommen, Genies zu erkennen und zu fördern. Auf diese Weise wird Mäzenatentum als Legitimationsausweis zur Herrscherpflicht.

Den Künstlern konnte es recht sein. Mantegna etwa vermag seinen italienweiten Ruhm ab 1459 in vorteilhafte Anstellungsbedingungen umzumünzen: ein stolzes Jahresgehalt von vierhundert *fiorini* jährlich, dazu geldwerte Vergünstigungen wie kostenloses Brennholz und Gratisbeförderung auf den öffentlichen Schiffahrtswegen etc. Wohnhaus und Grabkapelle des

Malers in Mantua zeugen bis heute vom ansehnlichen Status, der sich damit erwerben ließ. Mantegnas Briefe hingegen schildern sein Leben am Hof der Gonzaga als wahres Jammertal. Seine Nachbarn mußten zudem erfahren, daß mit dem chronisch übellaunigen Meister nicht gut streiten war; im Ernstfall hatte er schnell bezahlte Schläger bei der Hand. Zugewinne an Rang, Einbußen an Freiheiten: die Gonzaga hatten das Recht des ersten Zugriffs auf die Produktion ihres Hofkünstlers, für große Aufträge von außen bedurfte er ausdrücklicher Freistellung. Besonders zielgerichtet ausgebeutet wurde sein Renommee in der übernächsten Generation, von Isabella d'Este (1474–1539), durch Heirat mit Francesco II. (Regierungszeit 1484–1519) Marchesa und unbestrittene Herrscherin Mantuas im Bereich Kulturpatronage (und nicht nur dort). Hier hat sie eine ‹Kulturpolitik› der eigenen, eisernen Art verfolgt – strikt am Prestige der Gonzaga und ihres Staates ausgerichtet.

Die ihrem Agenten in Venedig, einem gewissen Lorenzo da Pavia, geschickten Briefe spiegeln ihr Mäzenatentum der harten Bandagen und die dabei gültigen Prioritäten allen späteren ‹Vergeistigungen› spottend wider: Möglichst bekannte Künstler (ganz oben auf der Liste standen Berühmtheiten wie Leonardo da Vinci und Giovanni Bellini) sollten möglichst kostengünstig, möglichst schnell und vor allem möglichst widerspruchsfrei ihre Vorstellungen in Farben umsetzen. Wer sich diesem dreifachen Befehl nicht fügte, mußte mit Unannehmlichkeiten rechnen: mit Rückforderungen von Vorschüssen, im schlimmsten Fall sogar mit Inhaftierung. Die kostbarsten der so beschafften Werke stellte Isabella in ihrem Studiolo aus, einem illustren Besuchern auch unaufgefordert vorgeführtem Schauraum. Dort trugen die emsig zusammengetragenen Trophäen untereinander einen Wettbewerb aus, der nicht nur in Mantua als höfisches Fragespiel beliebt war: Wer malt am schönsten im ganzen Land? Seinen Spitzenplatz auf dieser Skala vermag Mantegna – wie noch der junge Dürer bei seinem Italienaufenthalt bezeugt – bis ins hohe Alter zu behaupten. In der Tat ist sein Stil im Verhältnis zu den Schifanoia-Fresken mit ihren zierlichen, formelhaften Figuren und ihrer geringen Raumtiefe erregend modern.

Hatten die Pioniere des frühen Renaissancestils Masaccio (1401–1428) und Piero della Francesca (1410/20–1492) die zentralperspektivische Darstellung entwickelt bzw. weiter ausgebildet und in Traktatform theoretisch erörtert, so werden diese Errungenschaften vom Hofmaler der Gonzaga geradezu virtuos perfektioniert. Besonders berühmt und von Kennern geschätzt sind seine kühnen Ansichten von unten, dazu seine antikisierenden Stilisierungen von Personen und Dekor, die zusammen seinen Bildern monumentale Wirkungen gepaart mit höfischer Eleganz verleihen – eine für die Malerei im letzten Viertel des 15. Jahrhunderts zukunftsweisende Formel.

Das Pantheon der Malatesta

Wie sehr die Selbstdarstellung der Mächtigen im Italien der Renaissance vom Herrschaftskontext, d. h. von den historisch gewachsenen Machtgrundlagen, der Machtrechtfertigung und konkreten Machtausübung, aber auch vom individuellen Selbstverständnis des Machthabers geprägt wird, verdeutlicht der im sechsten Jahrzehnt des 15. Jahrhunderts vorgenommene Umbau der Franziskanerkirche von Rimini zum Mausoleum und Pantheon der Malatesta im allgemeinen und ihres regierenden Sprosses, Sigismondo Pandolfo (1417–1468), im besonderen. Von einem Augenblick zum anderen weitgehend aufgegeben und bis heute nicht fertiggebaut, hat der Tempio Malatestiano als halbe Bauruine hohen Symbolwert – die Geschichte seines Bauherrn spiegelt sich in ihm, genauer: dessen Scheitern. Auch auf ästhetischer Ebene wird keine Einheit erreicht. Die klaren antikisierenden Linien des humanistisch gebildeten Gentleman-Architekten Leon Battista Alberti (1404–1472), der zwar Pläne liefert, zum staubigen Getriebe der Baustelle aber vornehm Distanz hält, harmonisieren zwar aufs beste mit dem Fresko Piero della Francescas (1451) im Inneren, weniger aber mit dem weich fließenden, auf dekorative Wirkungen hin berechneten plastischen Schmuck Agostino di Duccios (1418–1481). Ärgernis bei Zeitgenossen und Nachwelt aber erregt nicht diese Stilmischung. Ihnen stößt die Aussage des unvollendeten Gesamtkunstwerks übel auf. Daß auf dem Sarkophag von Sigismondo Pandolfos (dritter!), während des Baus durchaus noch lebendiger Gemahlin Isotta degli Atti eine Heiligen vorbehaltene Abkürzung («D» für «*Divae*») prangt, vermerkt nicht nur Sigismondos Todfeind Papst Pius II. als überaus anstößig. Solche Ungehörigkeiten bzw. Ungeheuerlichkeiten legen den Verdacht nahe, daß hier ein ungläubiger, ja ein ketzerischer Auftraggeber am unfrommen Werke war; Pius II. verbreitet diese Version mit viel Erfolg in der italienischen Öffentlichkeit. Davon kann bei unvoreingenommener Betrachtung der Ausstattung keine Rede sein; die im Innenraum vorherrschenden Motive – Freie Künste, Planeten, Sibyllen – gehören zum ikonographischen Standardrepertoire der Zeit. Grenzverletzungen gibt es dennoch; sie betreffen das Verhältnis von Individuum und Gemeinschaft. Als Grablege der Malatesta insgesamt konzipiert, wird der Tempio Malatestiano zur Projektionsfläche eines regelrechten Personenkults, schrankenloser Verherrlichung eines einzelnen, der in mehrfacher Hinsicht seinen Rang überschätzt und seinen politischen Platz verkennt.

Für eine ursprünglich kleinadelige Familie vom Lande wie die Malatesta, die nach der Machteroberung in Rimini anderthalb Jahrhunderte lang ihre Herrschaft in der Region durch zähe Kämpfe und *condottiere*-Dienste ausgebaut hatte, bot sich eine Selbstdarstellung mit ausgeprägt feudalen und militärischen Zügen von selbst an. Dementsprechend erhält der Schau-Sarkophag der Vorfahren, der die in der alten Kirche getrennt bestatteten Gebeine der verstorbenen Malatesta symbolisch vereinen soll, eine an spätgotischen nördlichen Vorbildern orientierte Gestalt. Doch obwohl die darauf angebrachte Inschrift den unvergleichlichen Verdiensten der Väter huldigt, kann die prunkvolle Sammelgrablege auf zeitgenössische Betrachter kaum pietätvoll gewirkt haben. Der religiös-moralischen Norm der *pietas* nachzukommen bedeutete, sich selbstlos als ein Glied unter vielen einzuordnen in die Abfolge der Generationen, deren Ruhm selbstvergessen zu mehren und das gemeinsame Schicksal aus den Händen der höheren Mächte demütig anzunehmen. Dieses Verhältnis aber ist hier allzu sichtbar ins Ungleichgewicht geraten: Die Großbuchstaben SI – Sigismondos und Isottas zur Einheit verschlungene Initialen, aber auch als sein Namensanfang alleine lesbar – haben das Familienwappen regelrecht überwuchert. Sein nicht weniger als viermal gemeißeltes Marmorrelief leitet den Besucher wie ein Ruhmes-Steuerzeichen durch die Kirche. Gekoppelt wiederum mit der SI-Sigle, verkünden die in gleichfalls irritierender Häufung vertretenen Malatesta-Elefanten seine ganz individuelle Größe. Machen sie die Kirche zu einem regelrechten heraldischen Zoo, so liest sich die weitere Ausschmückung, je nach Einweihungsgrad des Besuchers, wie eine durchgehende Erzählung vom Ruhm aller irgend verfügbaren Sigismunde und damit wie eine Verherrlichung des einen unvergleichlichen Sigismondo. Auf einem Relief besteht eine höfische Romangestalt namens Sigismund Seeabenteuer, deren tieferen Sinn ein vom sicheren Ufer aus zusehender Elefant signalisiert.

Und auf Piero della Francescas Fresko kniet der hochgemute *signore* vor dem heiligen Sigismund im Gebet, der als König von Burgund im fernen 6. Jahrhundert lebte, doch wiederum einen anderen, aktuelleren Sigismund meint (Abb. 3): Er trägt die Gesichtszüge Kaiser Sigismunds, welcher den jungen Sigismondo Malatesta 1433 zum Ritter geschlagen hatte – auch hier führen alle Ruhmeswege zum Auftraggeber zurück. Statt frommer Anbetung des heiligen Patrons beherrscht höfische Konversation die Szene. Zu diesem Zweck hat Sigismondo seine riesenhaften Hofhunde, Symbole ritterlicher Treue wie aristokratischen Ranges, und sicherheitshalber auch noch sein wehrhaftes Schloß mit ins Bild gebracht, das durch unüberwindliche Festungsmauern seine unvergleichliche militärische Tüchtigkeit verherrlichen soll. Das damit angeschlagene Reklamemotiv für einen anmietbaren Feldherrn wird schließlich in einem Relief weiter gesteigert, das einen Triumph im altrömischen Stil zeigt. Unumschränkte Herrschaft drückt ziemlich unzweideutig auch eine (als Sternzeichen des Krebses zu verstehende) Riesenkrabbe aus, die die Silhouette von Rimini eher besitzergreifend umklammert als liebevoll umarmt.

Abb. 3: Piero della Francesca,
Sigismondo Pandolfo Malatesta im Gebet vor dem hl. Sigismund,
1451, Rimini, Tempio Malatestiano

Damit aber klaffen reale und virtuelle Welt unüberbrückbar auseinander: Sigismondo Pandolfo war nicht Vasall des Kaisers, sondern Vikar des Papstes, nicht Herrscher von eigenen Gnaden, sondern auf den Konsens seiner heimischen Elite angewiesen, nicht Herr einer Großmacht, sondern ein mittleres Glied in einem komplexen klientelären Gefüge, mit einem Wort: nicht autonom, wie der Tempio Malatestiano glauben machen will, sondern abhängig. So aber paßt auf einmal doch alles zusammen – Verachtung aller Bindungen, chronische Illoyalität des *condottiere* gegenüber seinen Auftraggebern, Unfähigkeit zur Einhaltung von diplomatischen Spielregeln scheinen der schrankenlosen Selbstverherrlichung in der kreuzlosen Kirche zu entsprechen. Und bevor er sich versieht, trägt Sigismondo Pandolfo den Makel des politischen Spielverderbers.

Dem sich so chevaleresk gebenden Krieger werden auf einmal ganz unritterliche Geschichten sexueller Belästigung vornehmer Damen nachgesagt. Gegen diese absurden Gerüchte kann er sich noch so vehement zur Wehr setzen – Italien im Zeichen von Lodi brauchte einen Sündenbock, eine Inkarnation der Gegenwerte. Und auch sein Tempel spricht gegen ihn. Aus heutiger Sicht bezeugt er, wie Herrschaftspropaganda kontraproduktiv wird.

Herrschaftsmanifeste im Vatikan

Positiv gewendet: Es kam darauf an, Verherrlichung mit Augenmaß vorzunehmen, d.h. einen realen Kern kunstvoll einzukleiden, als solche noch erkennbare Wirklichkeit effektvoll zu verklären. Dabei waren dem Papsttum der Renaissance noch viel schwierigere Aufgaben gestellt als seinem verlorenen Sohn in Rimini: Den abstrakt, durch biblische Einsetzungsworte begründeten, weltumspannenden doppelten Herrschaftsanspruch des Papsttums über die Sinne in Herzen und Hirne einzuflößen und dort zu verankern – so lautete das Programm Nikolaus' V., der dabei auf die Überzeugungsmacht prunkvoller Bauten setzte. Die Umsetzung, d.h. die Umformung der Stadt Rom zum Sinnbild päpstlicher Allmacht, aber schreitet vorerst nur langsam voran. Der Neubau der Peterskirche bleibt zweimal rasch stecken, Mitte des 15. Jahrhunderts wie nach der Grundsteinlegung 1506. Zum Spiegel seiner Auftraggeber und ihres Hofes im 16. Jahrhundert wird das kolossale Architekturprojekt dabei in ganz anderer Weise als beabsichtigt. Die vielen Planänderungen von Bramante zu Raffael über Antonio da Sangallo (1536) zu Michelangelo, der ab 1546 das lukrative Amt des Chefarchitekten von St. Peter innehat und bis zu seinem Tod achtzehn Jahre später die Kuppel bis zum Tambour emporzieht, reflektieren recht unmittelbar das schwierige und über längere Zeit auch stagnierende Streben nach einem reformierten, d.h. stärker geistlich-asketisch geprägten Verständnis des Papstamtes und nicht minder das Ringen um eine neue Selbstdarstellung nach außen. Die schließlich 1626 geweihte Basilika spiegelt Bramantes bzw. Michelangelos ursprüngliches, für die Architektur der Hochrenaissance so bezeichnendes Zentralbau-Konzept nur noch sehr unvollkommen wider – das dem Plan zugrundegelegte griechische Kreuz mit seinen gleichlangen Armen um die gewaltige Kuppel und den monumentalen Vierungspfeilern entspricht nicht tridentinischen Korrektheitsregeln, die den Anbau eines Langhauses und die Auffüllung der reinen antikisierenden Architekturformen mit Statuen erforderlich machen.

Schneller als in der Dreidimensionalität des Raumes ließ sich päpstliche Propaganda im gefügigen, rasch verfügbaren Medium des Bildes produzieren. Erstes großes Manifest in Farben sind die von einem toskanisch-umbrischen Maler-‹Kollektiv› unter Leitung Peruginos 1481/82 gemalten Wandfresken der Sixtinischen Kapelle; sie aktualisieren die biblische Thematik – Szenen aus dem Leben Moses und Christi – durch Bildtitel, Architekturelemente, Inschriften und Porträts, vor allem aber durch die Auswahl der Szenen und die zwischen den Lebensgeschichten hergestellten Bezüge. Speziell Botticellis Fresko der ‹Rotte Korah› und der ‹Bestrafung der Aaron-Söhne› wird mit seinen wirkungsvoll verdichteten Erzählsequenzen zu einer durchsichtigen Parabel erregender Zeitgeschichte des 15. Jahrhunderts. Sie berichten von ebenso frevelhafter wie vergeblicher Rebellion gegen das Haupt des Gottesvolkes und seine umfassende Vollmacht als Gesetzgeber, politischer Führer und höchster Priester – wie einst gegen Moses, so heute gegen den Papst. Durch göttliche Intervention zerschmettert werden, so die Botschaft, zusammen mit den Aufrührern in der Wüste die Unruhestifter der Gegenwart, machtlüsterne Konzilien und Kardinäle – zur Warnung aller Möchtegern-Usurpatoren und Stachellöcker in der Zukunft.

Welche finsteren Motive die Rebellen einst wie jetzt beseelen, wie kläglich sie gegen die übernatürliche, da von Gott geschützte Macht des Stellvertreters Christi auf Erden anrennen und an ihr zuschanden werden, das alles und viel mehr zeigt noch viel eingängiger die Abfolge der von Raffael und seinen Schülern ab 1508 ausgemalten Stanzen, der päpstlichen Empfangs-, Repräsentations- und Ratsräume im Vatikan. Auch sie

Abb. 4: Raffael, Die Vertreibung des Heliodor aus dem Tempel zu Jerusalem, 1511/12, Vatikan, Stanze

künden leitmotivisch von Anfechtung und glanzvoller Behauptung, Bedrohung und Triumph des Papsttums, das himmlische Heerscharen durch die schiere Kraft des Gebets gegen seine irdischen Bestreiter in Marsch zu setzen vermag und dadurch im sicheren Besitz übergeschichtlicher Unerschütterlichkeit ist.

Aus der dichten Reihe dieser Geschichten sticht das Fresko vom gescheiterten ‹Tempelraub des Heliodor› in mehrfacher Hinsicht hervor – durch die dramatische Bewegtheit seiner Komposition, den sichtbaren Einbruch der Gegenwart in eine anderthalbtausend Jahre zurückliegende Begebenheit, die Kühnheit der Textumsetzung und schließlich durch den schon von den Zeitgenossen wahrgenommenen Bezug zur aktuellsten Zeitgeschichte (Abb. 4). 1511 nämlich versammeln sich die von Rom abtrünnigen Kardinäle auf Einladung des französischen Königs zu einem Gegenkonzil in Pisa – dort herrscht also wie im Tempel zu Jerusalem aus päpstlicher Sicht Verrat, der aus dem Innersten der Kirche kommt. Der Kampf des Bösen gegen die Kräfte des Guten wiederholt sich von Anbeginn der Zeiten bis zu deren Ende; um das Aufzeigen dieser übergeschichtlichen Gesetzmäßigkeiten geht es bei dieser Parallelisierung von Einst und Jetzt. So wie das Gebet des Hohepriesters – im zweiten Buch Makkabäer ist es statt dessen das Flehen des im Fresko zum kopflosen Statisten degradierten Volkes! – postwendend den züchtigenden Engel herbeizitiert, so gebietet der Papst in der Gegenwart über dieselben unfehlbar wirksamen Hilfsmittel gegen seine Feinde. Das bezeugt der kriegerischste aller Päpste, Julius II., durch seinen von Schweizer Söldnern gesicherten Einmarsch ins Bild unmißverständlich, nicht zuletzt durch seinen grimmig-wissenden Blick auf das immergleiche hier gespielte Stück. Unveränderlich wie der ewige Kampf zwischen Gut und Böse sind Würde und Rang des Papsttums als Richter und Maßstab der Geschichte – diese Botschaft wird in den zahlreichen päpstlichen Auftragsbildern der Folgezeit staccatohaft wiederaufgenommen. Ab den 1530er Jahren, parallel zur einsetzenden katholischen Reform und vollends während des Konzils von Trient (1545–1563), wird dieser Vorrang vor allen Mächten dieser Erde immer mehr als Sieg der Gekreuzigten über die Kreuziger, durch das siegreiche Blut der Märytrer begründet und eingekleidet, doch dabei um kein Jota vermindert.

Für eine den Normen idealer Schönheit verpflichtete ältere Kunstwissenschaft im Stile Burckhardts unwiederholbarer Gipfelpunkt nicht nur der Hochrenaissance, sondern der Malerei überhaupt, sind Raffaels vatikanische Fresken unter nüchternem historischem Blickwinkel vor allem in zweifacher Hinsicht bemerkenswert. In einer Zeitspanne der Kalamitäten Italiens, allerdings fernab der blutigen Schlachtfelder, entstanden, machen sie *en passant* deutlich, wie unabhängig voneinander Geschichte und Stilentwicklung verlaufen. Von absoluter Eigengesetzlichkeit der Kategorie Geschmack und Ästhetik in der Renaissance kann dennoch nicht die Rede sein, dazu gehen die Vorgaben der Auftraggeber bzw. ihrer humanistisch gebildeten Ratgeber zu bestimmend in Inhalt und Gestalt von Kunstwerken mit ein.

Unter diesem Gesichtspunkt läßt sich im Rom Julius' II. mit seinem ebenso intensiven wie politisch motivierten Mäzenatentum geradezu von einem kulturpolitischen Reizklima sprechen, das begabte junge Künstler durch anspruchsvolle Aufgaben, nicht zuletzt durch Verdichtung komplexer Verherrlichungsmotive, zur Ausbildung neuer Formen und Lösungen stimulierte. Dabei fanden sie, wie die kurze Vita Raffaels (1483–1520) modellhaft bezeugt, Zugang in die exklusiven Zirkel von Kirchenfürsten und Aristokraten, in denen die römische Hofluft wehte, und in kaum weniger elitäre humanistische Kreise, wo ihnen im neoplatonischen Geiste als quasigöttlichen Hervorbringern unvergänglicher Schönheit eifrig literarisch gehuldigt wurde. Auch ohne festen Bindungen im Stile Mantegnas zu unterliegen, wird der erfolgreiche Künstler auf diese Weise unverzichtbarer Teil des höfischen Ambientes. Im Gegensatz zu seinem jüngeren Rivalen Raffael hat sich Michelangelo (1475–1564), der lebenslang als florentinischer Gesinnungsrepublikaner den Häuptern der Kirche gegenüber skeptisch bis kritisch eingestellt blieb, dieser Vereinnahmung zu entziehen vermocht und die Produktion unverhüllter Propagandakunstwerke, etwa Herrscherporträts, konsequent verweigert. Sein malerischer Tribut an die medicilose Republik nach 1494, das Fresko der Schlacht von Cascina, hat das Regime, welches es verherrlichen soll, nicht überlebt.

Gemalte Propaganda für Republik und Prinzipat

Das umfassendste jemals in Farben verkündete Manifest der wohlgeordneten Republik als bester Staats- und einzig humaner Lebensform aber entsteht in der Republik Siena, in deren innerstem politischem Heiligtum, in der ‹Sala del Concistoro› des Stadtpalastes. Hier malt ab 1529 Domenico Beccafumi (um 1486–um 1552) mit flackernden Lichtwirkungen, kühn komponierten Figurengruppen und ausgeprägter Asymmetrie des Bildaufbaus – typischen Stilelementen des frühen toskanischen Renaissancemanierismus – einen Freskenzyklus, der eine herbe, ja unerbittliche Botschaft zu verkünden hat: daß der einzelne nichts, der Freistaat hingegen alles ist. Dieses extreme Programm hat ein unbekannter Ideengeber aus dem antiken Maximenschatz des Valerius Maximus herausgefiltert – durch kühne Verknappung und gezielte Weglassungen wird aus einer an moralisierender Unverbindlichkeit schwerlich überbietbaren Vorlage ein messerscharfes politisches Profil.

In diesem gemalten politischen Traktat steht die republikanische Staatsräson über allem, werden alle natürlichen und persönlichen Bande zwischen den Menschen zerrissen, um dann unter dem absoluten Vorrang des Staates neu geknüpft zu werden. Das geht nicht ohne Gewalt ab. Im Gegenteil: Wer die gnadenlose Gleichheit dieses Staates dadurch verletzt, daß er als Sohn eines Mächtigen gleicher als die Gleichen zu sein beansprucht, wird mitleidlos hingerichtet. Vorbilder dieser egalitären Staatsgesinnung sind ein römischer Konsul, der seinen Sohn enthaupten läßt, weil er ohne Befehl die Schlacht eröffnet hat, ein Volkstribun, der seine bestechlichen Kollegen lebend in den Feuerofen schieben läßt (Abb. 5), und ein König von Athen, der sich, als Sklave verkleidet, vom Feind auspeitschen und töten läßt, um den Staat zu retten. Dieser verlangt den Großen vieles, selbst das Leben ab, ohne ihnen dafür Gefälligkeiten zu schulden. Im Gegenteil, die Mächtigen leben in der allzeit mißtrauischen Republik unter permanenter Aufsicht – eine antiegalitäre Regung, und sei sie noch so natürlich wie die Begünstigung des Sohnes durch den Vater, und das Damoklesschwert der rigorosen Gleichheit fällt auf sie herab.

Zu Recht, so die Bildbotschaft, denn erst der unnachsichtig zur Beachtung der Gesetze erziehende Freistaat macht aus eigennützigen Triebwesen Menschen, pflanzt ihnen statt der angeborenen destruktiven Instinkte eine zweite, künstliche, höhere Natur ein, die allein humanes Zusammenleben im Zeichen friedlicher Bürgersolidarität ermöglicht – *mutua benevolentia*, gegenseitige Wertschätzung und Wohlwollen proklamiert die Allegorie an der Decke als Leitstern der moralisch gereinigten Republik. Appell zur Einheit über alle Parteigrenzen hinweg, letzter Aufruf zum Schutze senesischer Unabhängkeit vor der Einverleibung durch fremde Mächte – so stehen die Bilder der politischen Klasse bei ihrer Entscheidungsfindung im Ratssaal andauernd vor Augen, sollten sie also anspornen und motivieren.

Abb. 5: Domenico Beccafumi, Der Volkstribun Publius Mucius läßt seine neun Amtskollegen verbrennen, zwischen 1529 und 1535, Siena, Palazzo Pubblico, Sala del Concistoro

Als politische Bildpädagogik weisen sie auf die Ausmalung des venezianischen Dogenpalastes in den 1570er Jahren voraus, wo die Werke Tintorettos und Veroneses den Ruhm der sakralen, unveränderlich perfekten, überzeitlich unbezwingbaren, unwandelbar gerechten und freien Markusrepublik ebenfalls zur Selbsterziehung der herrschenden *nobili* verkünden. Hier in Siena aber geht es um den Staat an sich, der alles beherrschende Geltung beansprucht und die alten Loyalitäten zu Familie, Clan und Klientel als verderbliche, spalterische Gegenwerte auszulöschen bestrebt ist – republikanische Staatsräson so pur und rigoros, wie sie im Europa der Zeit sonst nur noch in Machiavellis Diskursen über Titus Livius auftritt. Im einen wie im anderen Fall erfolglos – die Republik der Renaissance wie der nachfolgenden Jahrhunderte bis zur Französischen Revolution beschreitet nicht den leuchtenden Pfad der reinen Verdienstherrschaft, ist nicht auf Gleichheit, sondern auf Privilegien gegründet. Siena selbst wird ein gutes Vierteljahrhundert nach der Auftragserteilung an Beccafumi von einem mächtigeren Staat inkorporiert, zwar unter Bewahrung alter Gesetze und Vorrechte, doch unter der Hoheit eines Medici-Fürsten, der seinen Sieg über die südliche Rivalin in sein Ruhmespantheon miteinbringt.

Der neu errichtete Prinzipat, die Herrschaft Cosimos I. (1537 bis 1574) als Herzog von Florenz bzw. Großherzog der Toskana ist wie kaum ein anderes politisches System des 16. Jahrhunderts auf die Macht der Bilder angewiesen. Zu frisch ist die Erinnerung daran, daß die Medici eben nicht geborene Fürsten, sondern Bankiers waren, nicht durch vornehme Abstammung, sondern durch Geldgeschäfte nach oben gekommen sind: Aufsteiger, die sich jetzt über die ehemals (mindestens) Gleichen zu herrschen anmaßen. Da die Wurzeln ihrer Schwäche in der Vergangenheit liegen, muß ihre Geschichte und damit die von Florenz zu ihren Gunsten umgeschrieben werden. Und zwar im alten Heiligtum der Republik, dem Palazzo vecchio, wo Cosimo zeitweise residiert, nach seinem Wegzug in den grandios ausgebauten Palazzo Pitti auf dem anderen Arnoufer aber ab 1563 eindrucksvolle Herrschaftsstellvertreter malen läßt. So entsteht hier ein kolossales Geschichtsbuch in Farben, aufgeteilt in zahlreiche Lektionen, nach dem Muster: für jeden berühmten Medici ein eigenes Kapitel, dem Auftraggeber aber der Löwenanteil des Ruhmes.

Diese vom Sieger diktierte Version der Geschichte lautet, aufs äußerste verkürzt: Florenz harrt seit jeher sehnsüchtig der Verheißenen Familie, die das der Stadt vorherbestimmte Goldene Zeitalter anbrechen lassen wird. Demgemäß mußte Florenz schon vor der Machteroberung durch die Medici groß, seine regierende Elite nebst Staatsform aber klein, eben verbesserungs-, ja erlösungsbedürftig erscheinen. Die religiösen Akzente dieser Geschichtsgliederung vor und nach dem Heil sind unübersehbar. Florentinische Geschichte zerfällt jetzt in einen Alten und einen Neuen Bund, den die Offenbarung der Medici, ihre Erscheinung an den Schalthebeln der Macht, hervorbringt;

dabei bleiben die Florentiner vorher wie nachher das auserwählte Volk. Diese Differenz und diese Kontinuität gleichzeitig in Bildern zu gestalten war eine äußerst anspruchsvolle Aufgabe, selbst für einen so erfahrenen Lobredner mit dem Pinsel wie Giorgio Vasari (1511–1574), seines Zeichens engster Kunstberater, ja seinen Kompetenzen nach geradezu Kulturbeauftragter des Herzogs. Er hat diese qualitative Unterscheidung von Einst und Jetzt vor allem in den riesenformatigen Schlachtendarstellungen an den Wänden des ehemaligen Großen Ratssaales der Republik sichtbar umzusetzen versucht. Und zwar nach dem Schema: ohne Medici zwar Tapferkeit, aber kein Heil. Aller Aufwand an Leibern und Geräten, der da ins Feld geführt wird, bleibt fruchtlos, weil diesem Heer und seinem Staat das Haupt und das Ziel fehlen. Zwar gelingt hier die Rückeroberung des abtrünnigen Pisa, doch wird damit nur mühsam genug zurückgewonnen, was zuvor zerronnen war.

Der Weg in die Zukunft ist erst gebahnt, als auf der gegenüberliegenden Raumseite mit Herzog Cosimo der gelobte Sproß der auserkorenen Familie die Führung des Staates übernimmt und die schon immer preiswürdige Tüchtigkeit der Florentiner gleichsam bündelt, fokussiert. Schlachtendenker im stillen Gehäuse, mit kühler Ratio den finalen Angriff entwerfend (Abb. 6), kann Cosimo, Herz und Gehirn seines Staates, die Ausführung seines strategischen Meisterplanes zur Eroberung Sienas getrost einem untergeordneten Feldherrn übertragen, ohne sich etwas zu vergeben – dessen Sieg ist sein Triumph. Unüberbietbar großartig wird dieser an der Decke gefeiert. Dort nämlich haben sich die einundzwanzig Zünfte und die wichtigsten Untertanenstädte von Florenz zu einem Ruhmesreigen versammelt, der nach den ursprünglichen Planungen Vasaris der Göttin Flora als Symbol der Stadt gelten sollte, jetzt aber dem Herzog dargebracht wird.

Dadurch kam es zu Lebzeiten Cosimos zu merkwürdigen Verschränkungen von Illusion und Wirklichkeit, zu einer Ruhmesunion von echtem und gemaltem Herrscher: Von seinem Thron aus erblickte er bei gehobenem Haupt sein verklärtes Selbst, wie es in der Rüstung antiker Imperatoren auf Triumphwolken schwebt und von Flora mit dem Diadem unsterblicher Glorie gekrönt wird. Ob die alte Elite von Florenz an dieser Apotheose Anstoß nahm, ist nicht bekannt, wie überhaupt Reaktionen des Publikums auf propagandistische Kunstwerke selten Niederschlag in Quellen finden. Einiges könnte dafür sprechen, daß beide Seiten auf ihre Kosten kamen: So schwindelerregend hoch die Position des Herzogs geschraubt ist, so wird ihm Ruhm und Legitimation doch sichtbar von seiner Stadt verliehen. Im auf zweihundert Jahre geschlossenen Machtpakt zwischen *signore* und großen Familien findet diese gemalte Symbiose ihr nüchternes Gegenstück.

Stil und Status des Künstlers haben sich gleichfalls gewandelt. Als typischer Vertreter der zweiten Generation des Renaissancemanierismus hat sich Vasari von den – für entsetzte Auftraggeber häufig unannehmbaren – Formexperimenten eines Rosso Fiorentino oder Pontormo ab- und einer gebändigten, in ihrer Formelhaftigkeit geradezu seriell abrufbaren Darstellungsweise zugewandt. Am Ende der Renaissance ist Kunst als historische Errungenschaft so vieler Generationen seit Giotto und Cimabue lernbar geworden. Der Weiterreichung des kostbaren Vermächtnisses dienen Vasaris Künstlerbiographien, vor allem aber Akademien, deren erste und wichtigste unter der Ägide Herzog Cosimos und Vasaris in Florenz ins Leben gerufen wird. Der soziale Aufstieg des Künstlers in leitende Funktionen des Hofes hatte allerdings seinen Preis: allzeitige Verfügbarkeit als Höfling. Dementsprechend gelingt er nur wenigen. Andere wie Vasaris älterer toskanischer Landsmann Benvenuto Cellini (1500–1571) gleiten auf dem schlüpfrigen Parkett des Hofes aus. Cellinis Autobiographie beginnt mit der Ausmalung einer wilden Jugend in einem ungebundenen Zeitalter wie ein tolldreister Schelmen- und Abenteuerroman und mündet schließlich in die tragische Ausweglosigkeit eines alten Mannes, der dieser arkadischen Freiheit nachtrauert, ohne die neuen Spielregeln der höfischen Gesellschaft zu verstehen.

VII. Italienischer Humanismus
Einheit, Vielfalt und Konkurrenz

Humanistische Studien und Grundüberzeugungen

‹Humanismus› ist keine registrierte Handelsmarke – im Politikjargon der Gegenwart werden ‹humanistische Werte› meist mehr oder weniger als Synonym von ‹humanitär› beschworen. Um so mehr hat sich die Forschung des 20. Jahrhunderts bemüht, Humanismus historisch zu definieren und damit gegen verunklärenden Fremdgebrauch zu schützen. Diese Basisbestimmung sollte von den humanistischenTätigkeitsfeldern, den *studia humanitatis*, her vorgenommen werden. Sie bezeichnen seit der Generation Tommaso Parentucellis (1397–1455, seit 1447 Papst Nikolaus V.) mit Grammatik, Rhetorik, Geschichtsschreibung, Moralphilosophie und Poesie einen festen Kanon, der sich als solcher seit der Begründung humanistischer Studien durch Petrarca (1304–1374) allmählich herausgebildet hat. Zwar sind ältere Versuche, eine feste humanistische ‹Weltanschauung› im europäischen Zusammenhang zu umreißen, angesichts der von Land zu Land ganz unterschiedlichen Ausprägungen von Geschichtskonzeptionen und der Fülle philosophischer Optionen als endgültig gescheitert anzusehen. Um so dringender aber verlangt der italienische Humanismus der Renaissance – ungeachtet aller auch in diesem engeren Rahmen unübersehbaren Vielfalt der Meinungen und Vorlieben im einzelnen – über die Definition durch Themenbereiche und Textgenres hinaus nach einer tieferreichenden Bestimmung durch eine Art kleinsten gemeinsamen Nenner vorherrschender Grundüberzeugungen.

Hier ist an erster Stelle die umfassende Vorbildhaftigkeit der antiken Kultur als Ganze zu nennen, und zwar als Matrix und Muster der Gegenwart. Aus diesem unbestrittenen Vorrang leitet sich das Bestreben ab, dieses Modell ganzheitlich wieder in

Abb. 6: Giorgio Vasari und Gehilfen,
Cosimo de' Medici plant die Eroberung Sienas, 1563/64, Florenz,
Palazzo vecchio, Sala dei Cinquecento, Decke

Kraft zu setzen, was prioritär Wiederaneignung des (am häufigsten in den Werken Ciceros bewunderten) klassischen Lateins bedeutet; dessen stetig perfektionierte Beherrschung wird auf diese Weise nachgerade zum Nachweis zeitgemäßer Bildung, ja im höheren Sinne menschlicher Qualitäten schlechthin. Die sich ab dem zweiten Viertel des 15. Jahrhunderts in Italien allmählich ausbreitende und gleichfalls schrittweise vertiefte Kenntnis des Griechischen wird zwar später ebenfalls zur Norm, gewinnt aber nie einen vergleichbaren Stellenwert innerhalb des humanistischen Kanons. Die hymnische Hochschätzung des Lateinischen wiederum, die gegen Ende des 15. Jahrhunderts in Italien gelegentlich zu Formkult und Formalismus gesteigert wird (das Haupt der nördlichen Humanisten, Erasmus von Rotterdam, sprach satirisch von «ciceronianischen Affen»), erklärt sich aus der Überzeugung, daß allein eine reich ausgebildete Sprache die Entwicklung eines entsprechenden sittlichen Unterscheidungsvermögens im Menschen und damit dessen selbstverantwortliches gutes Handeln ermöglicht.

Darauf gründen italienische Humanisten ihren immer selbstbewußter vorgetragenen Anspruch, ihre Mitbürger zum tugendhaften privaten wie öffentlichen Leben anzuleiten (die florentinisch-republikanische Variante eines Coluccio Salutati und Leonardo Bruni) bzw. (wie Vittorino da Feltre und Guarino da Verona) als Ratgeber am Hofe künftige Fürsten zu guten Herrschern zu erziehen – als eine neuartige, nicht mehr durch geistlichen Stand oder juristische bzw. medizinische Qualifikation, sondern, modern ausgedrückt, durch ganzheitlichen kulturellen Führungsanspruch definierte Bildungs- und Funktionselite. Diese Nützlichkeitsfunktion ihrerseits rechtfertigt die von Humanisten mit großer Regelmäßigkeit und Intensität vorgetragene Forderung nach Förderung durch die Mächtigen, die damit der ihnen vorgeschriebenen Pflicht zu *liberalitas* und *magnificentia*, zu Großzügigkeit und Großartigkeit in Mäzenatentum und Hofhaltung, Genüge leisten, mehr noch: sich letztlich als legitim ausweisen.

Humanistische Geschichts- und Menschenbilder

Verwendbarkeit im Umfeld des Hofes vermochten Humanisten nicht nur als Pädagogen, sondern auch als Historiker unter Beweis zu stellen. Ab dem zweiten Viertel des 15. Jahrhunderts nämlich wird die Darstellung von Zeitgeschichte zu einem immer ausgiebiger genutzten Propagandamedium. Einer ebenso schmalen wie einflußreichen, durch Nähe zur Macht gekennzeichneten und dadurch als Publikum um so attraktiveren italienischen Öffentlichkeit die Beweggründe und Ziele des eigenen wie des fremden politischen Handelns effektvoll zu präsentieren versprach durch die von eleganter lateinischer Prosa ausgehenden Überredungswirkungen Zugewinne an Prestige, wenn nicht sogar an diplomatischen Handlungschancen.

‹Geschichts-Mäzenatentum› dieser Art praktiziert aus gutem Grund König Alfonso V. von Neapel. Die seine Aufträge an Humanisten vom Range eines Lorenzo Valla (1407–1457) und Bartolomeo Fazio (1410–1457) leitende Strategie lautet: den Auftraggeber zu italianisieren, ihn als Garanten und pietätvollen Fortsetzer ältester bodenständiger Traditionen und Werte wie als Förderer nationaler humanistischer Kultur auszuweisen und gegen seine Feinde zu polemisieren. Letzteres hat niemand erfolgreicher getan als Valla, der 1440 im Dienste Alfonsos den Finger auf eine wunde Stelle des Papsttums legt, nämlich mit fortan unwiderleglichen philologischen Beweisen die sogenannte Konstantinische Schenkung als eine nachantike Fälschung entlarvt. Das hindert ihn allerdings nicht daran, später auf einen lukrativen Posten an der Kurie überzuwechseln. Seine Angriffe richten sich auch weniger gegen die Päpste, die das lächerliche Falsifikat zur Untermauerung ihrer territorialen Ansprüche und ihres Vorrangs vor Kaiser und Reich heranziehen, sondern vielmehr gegen den unbekannten Fälscher, der sich frevelhaft erdreistete, der Antike seine eigene, verkümmerte Sprache unterzuschieben, und sie damit herabsetzte.

Dahinter steht ein Geschichtsbild, das für die überwältigende Mehrzahl der italienischen Humanisten kanonische Geltung besitzt: Daß das römische Imperium als historische Glanzzeit durch die Barbareneinfälle seit dem 5. Jahrhundert unterging, darauf dunkle Jahrhunderte der Willkür und Verrohung folgten, die von erneutem Aufstieg im Zeichen der sich selbst bestimmenden Kommune abgelöst und durch die stetig intensivierte Pflege der *studia humanitatis* seit Petrarca zur Kulturblüte veredelt werden – das ist weitestgehend verbindliche Grundüberzeugung, unabhängig von vielen Unterschieden in Datierungen, Gewichtungen und Erklärungen im einzelnen; ganz überwiegend geteilt wird auch die daran geknüpfte Erwartung, daß der Prozeß der Sprachverfeinerung und der damit einhergehenden sittlichen Verbesserung unaufhaltsam voranschreitet – zu potentiell immer glänzenderen Horizonten. Im

Extremfall mündet dieser Optimismus in die Vorstellung eines christlichen goldenen Zeitalters der Kulturerfüllung und der Einheit des befriedeten Weltkreises – chiliastische Visionen, wie sie z. B. der General der Augustinereremiten und spätere Kardinal Egidio da Viterbo auszumalen nicht müde wurde. Seiner Ansicht nach wird dabei einem sittlich gereinigten Papsttum die Führung zufallen, doch gibt es diese Voraussagen einer seligen Endzeit je nach Entstehungskontext auch in vielen anderen Ausprägungen, u. a. einer florentinischen, ja selbst einer lucchesischen Variante.

Von solchen Zuspitzungen abgesehen, bleibt das Verhältnis von Gegenwart und Antike im historischen Denken der italienischen Renaissance komplex, mehrdeutig, oft genug ungeklärt und insgesamt spannungshaltig. War sich Petrarca des Gegensatzes zwischen der kulturellen Überlegenheit der Antike und ihrem Glaubens- bzw. Offenbarungsdefizit gegenüber der eigenen, christlichen Gegenwart schmerzlich bewußt, so schwächt sich dieser Kontrast mit dem steigenden Selbstbewußtsein der nachfolgenden Humanistengenerationen allmählich ab. Für einen seiner eigenen Errungenschaften so gewissen Autoren wie Valla steht jetzt nicht mehr schülerhafte Imitation, sondern eigenständige Verwandlung von Gegenwart und Zukunft im Namen antiker Werte und Vorbilder, also Aneignung durch Anverwandlung, im Vordergrund. Deren Ergebnis ist nicht sklavische Nachahmung, sondern Ähnlichkeit im Sinne von Ebenbürtigkeit, was sich mit der immer schärfer wahrgenommenen Andersartigkeit der eigenen Zeit verträgt. Diese Differenz als Resultat eines tausendjährigen historischen Verwandlungsprozesses, der Sitten und Gebräuche, Geschmack, Vorlieben, Riten, Verrichtungen und Gegenstände, ja selbst die Sprache mit verändert, stellt Valla in seiner erwähnten Widerlegung der Konstantinischen Schenkung kategorisch fest.

Dasselbe Fazit «Alles fließt» ergibt sich aus den archäologischen Forschungen seines älteren Zeitgenossen Flavio Biondo (1392–1463), die zum erstenmal diese Bezeichnung wirklich verdienen; durch systematischen Vergleich von Ruinen und Textstellen gelingt es Biondo in seinen historisch-landeskundlichen Arbeiten (‹Italia illustrata›, 1448–1453, bzw. ‹Roma triumphans›, 1457–1459), die Schauplätze der antiken Quellen, manche Irrtümer unbenommen, zu ermitteln – mit der Folge, daß die ferne Vergangenheit jetzt ihren sicher lokalisierten Ort in der Gegenwart besitzt. Dabei ist nicht mehr Melancholie im Angesicht von Trümmern, sondern die Aufforderung zum Aufbruch, zu glanzvoller Wiederherstellung die vorherrschende Grundstimmung. Doch sollte man derartige ‹Fortschrittsvorstellungen› richtig dimensionieren – sie bleiben im wesentlichen auf die Perfektionierung einer mit dem Altertum rivalisierenden Kultur beschränkt und erweitern sich kaum je zur Denkfigur einer insgesamt zu höheren Daseinsformen voranschreitenden Geschichte.

Am ehesten finden sich Ansätze dazu in Brunis 1416 bis 1444 verfaßter ‹Geschichte des florentinischen Volkes›. Als letzter Ableger der in Tyrannis versinkenden altrömischen Republik und damit als Freiheitsrefugium vermag sich Florenz, so Bruni, zur vorherbestimmten Größe erst nach dem Untergang des alles Eigenleben von Städten und Regionen unterdrückenden Imperiums aufzuschwingen. Sein nach Abschüttelung des barbarischen Jochs ab etwa 800 vollends unaufhaltsamer Aufstieg ist weiterhin durch den Aufschwung von Freiheit – Nährboden sich stetig verfeinernder Sprache und Gesittung – gekennzeichnet.

Das Verhältnis von Konstanten im großen und Variablen im einzelnen gilt auch für die Beschäftigung der Humanisten mit Philosophie. Hier fehlt es nicht an verblüffenden Optionen. So verleiht ein selbstgewisser Denker wie Valla in seinem Dialog ‹De voluptate› nach Anhörung konkurrierender Systeme dem Epikurismus als dem Menschen zuträglichster Verquickung körperlichen wie geistigen Lustgewinns die Palme und verbucht dabei selbst die Gottesschau der Seligen im Paradies unter dieser Sparte. Bei aller Verschiedenheit der Positionen sticht die Kompaktheit humanistischer Feindbilder hervor: mönchische Lebensform, klösterliches Küchenlatein und eine Art scholastischen Philosophierens, die als weltfremdes, ja oft genug haarspalterisches Spekulieren über erfundene Probleme abgewertet wird. Demgegenüber betonen die Humanisten den Vorrang einer dem Menschen in der Welt zugewandten Philosophie, die zum besseren, d. h. dem Nächsten nützlichen und dadurch gottgefälligen Leben beiträgt – so unterschiedlich der projizierte ideale Lebensraum, sei es Republik oder Monarchie, auch ausfallen mag.

Theologie, Neoplatonismus, Aristotelismus, Synkretismus

Spätestens ab der Mitte des 15. Jahrhunderts prägen Humanisten, an Höfen und republikanischen Entscheidungszentren solide etabliert, den Zeitgeist sowie die Sprache der Eliten; aus dieser zunehmend dominierenden Position erklärt sich eine Ausstrahlung in kulturelle Sektoren, die ihren Interessen an sich ferner liegen oder sogar entgegengesetzt sind: Bis in die – von aller humanistischen Kritik unbenommen fortbestehenden – theologischen Studien hinein läßt sich dieser Einfluß beobachten, zumal diese in Italien anders als im Norden und Westen Europas keine starke Verankerung an den Universitäten besitzen. So aber erstreckt sich die von der ‹Diskurshegemonie› der Humanisten diktierte antikisierende Einfärbung des Jargons bis in die Heiligenviten und die theologischen Kontroversen hinein.

Deren wichtigste wogt im Italien des 15. Jahrhunderts über die Frage, ob das von Christus bei seiner Kreuzigung vergossene Blut in den drei Tagen zwischen Tod und Wiederauferstehung seines göttlichen Charakters verlustig gegangen und damit nur der menschlichen Natur des Gottessohnes zuzurechnen sei oder nicht. Über sie wird ab 1461 mit einer so hitzigen Erbitterung pro (die Franziskaner) und contra (die Dominikaner) debattiert, daß der Streit schließlich zur Schlichtung vor Papst Pius II. gezogen wird. Dieser steht als Humanist auf dem Thron Petri der Auseinandersetzung distanziert, aber von ihrem verwickelten Verlauf zugleich auch fasziniert gegenüber. Sein übernächster Nachfolger wird mit Francesco della Rovere alias Sixtus IV. im übrigen der theologische Wortführer der Franziskaner in diesem Streit – heilsame Warnung davor, angesichts der humanistischen Sprachdominanz die Vielfalt gleichzeitiger kultureller Strömungen zu unterschätzen.

Auf der gewissermaßen entgegengesetzten Seite des Spektrums sind Gelehrte wie Marsilio Ficino (1433–1499) anzusiedeln. Als Haupt der platonischen ‹Akademie› in Florenz, eines locker gefügten Gesprächskreises über die Lehre des kultisch verehrten athenischen Philosophen, unternimmt er in seiner ‹Platonischen Theologie› den großangelegten Versuch einer Synthese von Christentum und Platonismus. Das Ergebnis ist ein weit ausgreifendes und hochspekulatives Menschen- und Weltbild, das von der Beseeltheit alles Seienden, von der stummen Materie aufwärts bis zu den Planeten, ausgeht. Diese wiederum wirken mit den ihnen zugeordneten Göttern und Geistwesen auf Geschick und Psyche des Menschen zurück, dessen Lebensaufgabe die Selbstvervollkommnung unter Abstreifung aller irdischen Schlacken ist. Dazu zählt für Ficino auch die politische Betätigung im Staat, der am besten der Obhut eines Philosophenherrschers übertragen wird. Im Florenz Lorenzo de' Medicis nie hegemonial (und zudem von letzterem nur sehr mäßig protegiert), ist die neue Philosophie unter den gebildeten Patriziern der Arnostadt, wohl nicht zuletzt ihres elitären Grundzuges wegen, zwar beliebt, formt diese jedoch keineswegs zu apolitischen Stubengelehrten um.

Überhaupt stehen die Zeichen der Elitenkultur gegen Ende des 15. Jahrhunderts auf Synthese, ja Synkretismus. Dieser Begriff bezeichnet Ideengebäude, die alle bekannten philosophischen Systeme und Religionen miteinander zu harmonisieren oder sogar zu verschmelzen versuchen; zugrunde gelegt wird dabei die Vorstellung einer sich seit Beginn der Menschheitsgeschichte schrittweise vollziehenden göttlichen Offenbarung, die somit auch den ältesten heiligen Büchern in Ägypten oder Persien Anteil an einer Wahrheit verleiht, die dann im Gotteswort der Bibel vollendet zutage tritt. Möglich wird eine solche Überwindung der Gegensätze nur durch eine Textauslegung, die den eigentlichen Sinn auf einer übertragenen Bedeutungsebene ansetzt und diese gewissermaßen chiffrierten Botschaften mit entsprechenden Interpretationsmethoden zu entschlüsseln sucht.

Auf diese Weise wird z. B. das Alte Testament weitgehend als Typus des mit der Geburt Christi einsetzenden Heilsgeschehens gedeutet und damit enthistorisiert. Ihren Höhepunkt finden diese synkretistischen Bestrebungen im Werk des Giovanni Pico della Mirandola (1463–1494) aus der gleichnamigen Kleinst-Signorenfamilie, der sogar die seit jeher überwiegend als Gegensätze gedeuteten Lehren Aristoteles' und Platons in seine umfassende Synthese miteinbezieht. Suggeriert seine (häufig aus dem Zusammenhang gerissene) ‹Rede über die Menschenwürde› – mit der These, daß der Mensch als einziges durch den Schöpfer in seiner Natur nicht festgelegtes Wesen durch stetige Selbstvervollkommnung an die Seite Gottes emporsteigen kann – ein unüberbietbar positives Menschenbild, so besteht dessen Kehrseite darin, daß diese Freiheit auch ein Absinken unter eine rein animalische Ebene zuläßt.

Diesem Spannungsverhältnis entspricht lebensgeschichtlich, daß Pico seine Tage als Anhänger des endzeitlichen Bußpredigers Savonarola (1452–1498) beschließt. Dieser vermag unter geschickter Anknüpfung an ältere Stadtmythen zumindest zeitweise einen großen Teil der Florentiner davon zu überzeugen, daß die Republik am Arno nach einer ganzheitlichen geistlich-politischen Reform von Gott damit beauftragt ist, den Weltkreis im Glauben zusammenzuschließen und danach das Reich der seligen tausend Jahre Christi mit seinen Gerechten auf Erden anbrechen zu lassen – ein weiteres Argument dagegen, ‹moderne› Renaissancekultur und ‹rückständige› Weltbilder kontrastiv gegeneinander auszuspielen. Die Klammer, die scheinbar unvereinbare Gegensätze (und im Falle Savonarolas strenge Dominikaner, Patrizier, Humanisten und Philosophen wie Pico) zusammenzuschließen vermag, sind neben weitverbreiteter Endzeiterwartung das tiefe Unbehagen an einem immer aufwendigeren Lebensstil der Oberschicht, das Streben nach sittlicher Besserung, karitativer Betätigung und Versöhnung zwischen den Schichten.

Von diversen humanistischen Strömungen, Neoplatonismus und scholastischer Theologie gleichermaßen weit entfernt, blüht um dieselbe Zeit, vor allem in seiner Hochburg Padua, ein kritischer Laien-Aristotelismus, der die aristotelischen Texte zur Beschaffenheit der Natur, des Menschen und seiner Seele fortdenkt – bohrend und oft unbequem. So erklärt der in Padua wirkende Philosoph Pietro Pomponazzi (1462–1525), daß die Unsterblichkeit der menschlichen Seele mit natürlichen Gründen nicht zu belegen ist – was nicht ausschließt, daß sie als Glaubenssatz akzeptiert werden muß.

Weitaus weniger innovativ sind die Naturwissenschaften, wo man der italienischen Renaissance allzuhäufig Errungenschaften älterer wie späterer Zeiten ebenso pauschal wie falsch zuschreibt. Kennzeichnend für sie ist zwar ein verstärktes Interesse an Naturbeobachtung, wie es sich etwa in Leonardo da Vincis anatomischen und hydraulischen Zeichnungen eindrucksvoll niederschlägt, doch ist dieser für das 16. Jahrhundert so charakteristische empirische Grundzug nicht primär auf die Ableitung von Gesetzmäßigkeiten gerichtet, sondern weiterhin spekulativ eingebunden. Dabei werden die gewonnenen Erkenntnisse in Übereinstimmung zu einer philosphischen Schule oder einer Verbindung mehrerer Systeme gebracht, die zugleich mit immer größerer Freiheit gegeneinander abgewogen werden. Der methodische Umschwung hin zu einer auf mathematisch-physikalische Methodik gegründeten Analyse der Natur unter gleichzeitiger radikaler Abkoppelung von der spekulativen Naturphilosophie vollzieht sich erst um 1600 im Werk Galileo Galileis (1564–1642).

Verlorene humanistische Illusionen
Machiavelli und Guicciardini

Die erregenden Vorstöße der späten italienischen Renaissance aber vollziehen sich im Nachdenken über den Menschen und seine Geschichte. Ob man die beiden Florentiner Staatstheoretiker und Historiker Niccolò Machiavelli (1469–1527) und Francesco Guicciardini (1483–1540) dem Humanismus zurechnet oder nicht, hängt von dessen Definition ab. An Textgattungen und Stilformen gemessen, kann die Antwort nur positiv ausfallen, nicht aber an den darin niedergelegten Ideen.

Steht für die Humanisten die sittliche Selbstausbildung des Individuums im Vordergrund, so bei Machiavelli ein übermächtiger Staat, der aus der destruktiven anthropologischen Rohsubstanz erst den Menschen im höheren Sinne, d. h. den im Staat aufgehenden Bürger, formt und daher zu seinem Erhalt von jeglichen Einschränkungen durch christliche Moral freigesprochen wird. Dabei fällt dem vollendeten Fürsten, der List, Gewalt und Heuchelei gleichermaßen zielgerichtet zur Stärkung des Staates einzusetzen vermag, die Aufgabe zu, nach Auflösungsphasen der politischen Ordnung durch Verankerung der Gesetze im Inneren des Menschen wieder die Voraussetzung für eine ideale Republik zu schaffen. In ihr liefern sich Große und Volk unablässig durch die Gesetze kanalisierte Konkurrenzkämpfe, die wiederum zur Selektion der Besten im Inneren und zu erfolgreicher Expansion nach außen führen. Krieg ist also ein Lebenselixier des Staates, mehr noch: Ruhmvolle Ausdehnung nach außen ist ein Ziel an sich, ein Selbstzweck, und darf daher mit allen, auch den rücksichtslosesten Mitteln – Liquidation von Eliten, Deportation ganzer Völkerschaften – betrieben werden. Dieser äußeren Politik entspricht das Klima im Inneren. Hier nämlich leben speziell die Mächtigen in steter Furcht vor dem Gesetz, ja republikanische Staatsräson verlangt geradezu danach, zum Wohl des Ganzen an ihnen abschreckende Exempel zu vollziehen. Bei aller Loslösung der Macht von der Moral aber ist Machiavelli, entgegen einer ebenso verbreiteten wie in dieser Pauschalisierung sinnwidrigen Bezeichnung als erster ‹Wissenschaftler der Politik›, mindestens ebensosehr ein Mythenbildner großen Stils, ja einer der letzten politisch Gläubigen seiner Zeit. Mythos etwa ist sein Bild des *signore* als kühner Selbstherrscher, mythisch geprägt ist seine felsenfeste Überzeugung, daß die Erfolgsregeln der alten Römer auch in der eigenen Zeit den Wiederaufstieg Italiens aus dem Sumpf von Söldnerwesen und Cliquenherrschaft garantieren.

An diesem zyklischen Geschichtsbild und an dieser kultischen Romverehrung entzündet sich der Widerspruch Guicciardinis in seinem scharfsinnigen Kommentar zu Machiavellis ‹Discorsi›. Geschichte vollzieht sich nicht in Kreisen, nicht als

Wiederkehr der immergleichen Konstellationen, sondern als Aufbruch ins Unbekannte; da sich nichts in ihr wirklich wiederholt, sondern im Gegenteil alles, selbst das Fühlen und Denken der Menschen, vollständig verwandelt, gibt es auch keinerlei Erfolgsrezepte, um die Zukunft zu meistern. Man kann daher aus der Geschichte nichts lernen – außer einer zugleich deprimierenden und stimulierenden Lektion: daß alle rationale Kalkulation und Klugheit angesichts der Offenheit der Geschichte zwar keine Garantie für Erfolg bietet, aber allein menschliche Würde und Selbstbehauptung zu bewahren vermag. Aufgabe der Geschichtsschreibung ist es somit, im Rückblick das verworrene Ursachengeflecht der Ereignisse unbestechlich und unerbittlich gegenüber den Mächtigen zu entwirren; dem so nobilitierten, allein noch Fixpunkte in einer chaotischen Welt und damit Selbstvergewisserung bietenden Metier des Historikers widmet sich der Patrizier Guicciardini in seinen letzten, von der aktiven Politik abgewandten Lebensjahren. In seiner monumentalen ‹Storia d'Italia› versucht er sich und seinen Zeitgenossen Rechenschaft über die Gründe abzulegen, die zum Verlust der Unabhängigkeit Italiens nach 1494 führen: rücksichtsloses Machtstreben, gepaart mit blinder Unvernunft. Dabei weitet sich seine Darstellung zu einem europäischen Geschichtspanorama aus, das auch die Reformation miteinbezieht – Religion ist für Guicciardini wie für Machiavelli ein reines Herrschaftsmittel.

Reformation und Glaubenswelten

Diese Positionen von Ausnahmegestalten reichen nicht aus, um die Existenz einer ‹heidnischen› Strömung innerhalb der italienischen Renaissance zu begründen. Für die überwältigende Mehrheit der Intellektuellen wird nicht eine agnostische oder gar atheistische Weltsicht, sondern ein mit vielfältigen Elementen antiker Philosophie verschmolzenes Christentum bestimmend – eine keineswegs neue, sondern sich auch schon vor der Renaissance immer wieder vollziehende Synthese. Der damit verbundenen Abkehr von Scholastik und Kontroverstheologie entsprechend, vollzieht sich die Reaktion auf die ab den 1520er Jahren nach Italien eindringenden Ideen der Reformation. Sie werden ihres genuin theologischen Charakters weitgehend entkleidet und auf ihren politischen und moralischen Gehalt reduziert – unter Ausblendung etwa der Prädestinationslehre und der damit verbundenen Leugnung des freien menschlichen Willens, aber auch der Abwertung der patristischen Tradition gegenüber der Bibel. Auf diese Weise an die spezifisch italienischen Verhältnisse angepaßt, stößt die neue Lehre in den ‹evangelikalen› Kreisen aus Bildungseliten und Teilen städtischer Führungsschichten auf Sympathie; sie nährt sich nicht zuletzt aus humanistischem Widerwillen gegen eine lebensfremde, überkompliziert gewordene Buchstabenreligion. Mystische Versenkung und karitativer Impuls bei gleichzeitiger Betonung des *Sola-fide*-Prinzips (der Rechtfertigung durch den Glauben allein) bilden die hervorstechenden Merkmale dieser Grauzone zwischen Konfessionen, die sich ab etwa 1540 dogmatisch immer präziser und unduldsamer voneinander abzugrenzen beginnen. Dabei suchen nicht wenige herausragende Intellektuelle wie etwa die Brüder Lelio und Fausto Sozini (gest. 1562 bzw. 1604) einen eigenen Weg zwischen den sich verfestigenden konfessionellen Blöcken. Er führt sie geistig in einen vernunftbetonten Unitarismus mit einem einzigen, unteilbaren Schöpfergott und räumlich bis nach Polen, wo religiöse Abweichler zeitweise weitreichende Glaubensfreiheit finden. Stärkere Auswanderung in die Zentren reformierten Glaubens, vor allem nach Genf, erfolgt aus Städten wie Lucca, Modena und Ferrara.

In markantem Unterschied zu diesen Veränderungen in der Kultur der Eliten wandelt sich die Vorstellungswelt der kleinen Leute deutlich weniger und vor allem langsamer. Soweit sich ihre Weltsicht aus Tagebüchern, Gerichtsakten und ähnlichen Quellen ansatzweise erschließen läßt, leben hier ältere Bewußtseinshaltungen in vielem ungebrochen fort. In den Aufzeichnungen des florentinischen Gewürzhändlers Luca Landucci zwischen 1450 und 1516 etwa ist so gut wie nichts vom Glanz des mediceischen Florenz, sehr viel dagegen vom Elend des Alltags eingefangen. Geschichte erscheint hier als Kreislauf von

Krieg, Hungersnot, Überschwemmungen, Hinrichtungen und anderen Kalamitäten, die Gott als Strafe für die Sünden, speziell den Hochmut, des Menschen verhängt. Dieser ist vor allem bei den Mächtigen verbreitet, die sich und nicht Gott ihren Rang zu verdanken glauben und deren Gier nach Einfluß und Reichtum unstillbar ist. Die wahre Größe des Menschen aber ist die Demut vor Gott, der allein die Geschichte lenkt – mit dieser von allen Prunkaufwendungen des Zeitalters kaum beeindruckten Haltung kategorischer Frömmigkeit und einem entsprechend egalitären Menschenbild erteilt Landucci den Ruhmesbestrebungen der Mächtigen und letztlich auch ihren Propagandabemühungen eine kühle Absage.

Doch ist auch dieser prinzipienfeste Kleinbürger nicht völlig immun gegen deren Wirkungen, wie sein Nachruf auf Lorenzo de' Medici im April 1492 zeigt. Bevor er sich über die Nichtigkeit irdischer Herrlichkeit ergeht, listet er nämlich die Erfolge des Verstorbenen in so hohen Tönen auf, daß dieser seine Freude daran gehabt hätte. Mit aller Vorsicht läßt sich dieses Beispiel verallgemeinern: Zwischen oben und unten findet, zumindest in den Städten, Kommunikation der verschiedensten Art, auch Austausch von Ideen und Wertbegriffen, statt. Dabei treffen die kleinen Leute ihre Beobachtungen und ziehen ihre Schlüsse, die sie dann in ein sehr eigenständiges, traditionellen Werten verpflichtetes Weltbild mit ausgeprägter politischer Ethik einfügen. Diese aber bleibt unverrückbar von der Verpflichtung der Herrschenden bestimmt, das Überleben der Armen zu sichern und darüber vor Gott Rechenschaft abzulegen.

VIII. Die italienische Renaissance in Europa

Ein in sich geschlossenes und als solches exportierbares ‹Modell Italien› hat es, allein schon der Vielgliedrigkeit der politischen Szenerie und der Vielfalt der kulturellen Strömungen wegen, in der Renaissance nicht gegeben. Erst recht nicht auf wirtschaftlichem Sektor. Hier hat man der Epoche Errungenschaften gutgeschrieben, auf die sie kein Anrecht hat: banktechnische Innovationen wie Wechselbriefe und Giro, ja die Entwicklung von ‹Handelskapitalismus› und verstärkte ökonomische Dynamik insgesamt. Diese Neuerungen aber vollziehen sich, getragen gleichermaßen von alten ‹feudalen› und jüngeren nachrükkenden Elitenausschnitten, bereits seit dem 12. und 13. Jahrhundert, der eigentlichen Wachstumsperiode der italienischen Wirtschaft. Schon bald nach 1300 treten in Bank- und Textilproduktionsmetropolen wie Florenz, Siena und Lucca Krisensymptome auf, die sich noch vor den demographischen Aderlässen der Großen Pest von 1347/48 zu regelrechten Bankrottserien der führenden Kompagnien und Konsortien verdichten. Gegenüber deren Volumen sind auch die größten Firmen der Folgezeit wie etwa die Bank der Medici stark geschrumpft.

Der durch Bautätigkeit und Mäzenatentum bis heute bezeugte Wohlstand der städtischen Oberschichten in der Renaissance ist demgegenüber sehr pauschal als Folge einer ökonomischen Konsolidierung zu erklären, die wiederum auf verschiedene, auch politische Faktoren zurückzuführen ist: Ausweichen auf neue Produktionssektoren wie Seidenfabrikation, gewinnträchtiger betriebene Bewirtschaftung von Landgütern und vor allem eine durch Steuerpolitik gelenkte Umverteilung zugunsten der Städte und ihrer Oligarchien sind hier vorrangig zu nennen. Schon im 15. Jahrhundert – und damit lange vor der viel zu einseitig angesetzten ‹Rearistokratisierung› im Zeichen der spanischen Vormachtstellung – werden Gewinne aus Handel und Bank in den sicheren Werten von Grund und Boden angelegt und die stetig steigenden Risiken des Kreditgeschäfts immer mehr zugunsten des reinen oder überwiegenden Landrentenbezugs gemieden.

Anziehungs- und Ausstrahlungskraft Italiens in der Renaissance sind somit vorrangig im Bereich der Elitenkultur, des Hofes, seines Lebensstils und seiner Ausdrucksformen zu finden. Die dabei zu verzeichnenden starken Wirkungen lassen sich nicht durch simple Ausfuhr von Kulturgütern und -techniken, sondern am besten durch eifersüchtige Aneignung, durch eigenständige Anwendung von Anregungen umreißen. So haben die italienischen Humanisten gerade durch die Thesen von der kulturellen Prometheusfunktion ihres Landes eine regelrechte Kettenreaktion früher europäischer Nationalismen in Gang gesetzt. Diente das abwertende Bild der barbarischen Völkerschaften der Lobpreisung Italiens als urbane, zivilisatorisch veredelte Lebensgemeinschaft, so haben die Adressaten dieser Botschaft nördlich der Alpen diese pejorative Stereotypisierung durch analoge, für das Bild der eigenen Nation nicht minder konstruktive Klischeebildung erwidert. So wird Italien im Gegenentwurf französischer und deutscher Humanisten, der gelehrten Konkurrenz um nationalen Vorrang entsprechend, abschreckend, als durch falschen kulturellen Glanz nur notdürftig übertünchtes Grab aller Aufrichtigkeit und Glaubenstreue gezeichnet und dient damit als Kontrastfolie zur Hervorhebung eigener Vorzüge. In diesem oft sehr polemisch ausgetragenen Wettstreit hatten letztere allerdings eine ungünstige Ausgangsposition, mußten sie neben dem unbestrittenen Vorrang des Lateinischen doch – widerwillig genug – anerkennen, daß Italien die *studia humanitatis* mindestens ein Jahrhundert vor dem übrigen Europa wiederbelebt hatte.

Das originellste ‹Ausweichmodell› entwickelt in dieser Hinsicht der wortmächtige deutsche Humanist Konrad Celtis (1459–1508), und zwar pikanterweise in ‹landeskundlichen› Texten, die ihre Orientierung an den Werken Flavio Biondos keineswegs verleugnen. Seine ‹Druiden-Theorie› behauptet, daß die – mit den heutigen Deutschen wesensgleichen – Germanen ihre kulturelle Prägung durch besagte gallische Priester erhielten, welche selbst wiederum unmittelbar aus dem reinen Born griechischer Bildung geschöpft hätten. Daß die ab der zweiten Hälfte des 15. Jahrhunderts für Humanisten aller Herren Länder (und später für vornehme junge Europäer allgemein) immer verpflichtender werdende Studienreise nach Italien zu einem Abbau derartiger Vorurteile geführt habe, läßt sich nicht behaupten. Geht man nach dem schriftlichen Ertrag solcher Fahrten, dann scheint der Aufenthalt vor Ort die mitgebrachten Klischees eher noch bestätigt zu haben, wird die Wahrnehmung des Fremden ganz überwiegend dem vorgefaßten Urteil angepaßt. Doch fehlt es auch nicht an herausragenden Gegenbeispielen wie etwa dem aus Pforzheim gebürtigen Humanisten Johannes Reuchlin (1455–1522), für den sein Italienaufenthalt zur lebenslang nachhallenden, sein Interesse an älteren Kulturen, speziell der jüdischen Kabbala, prägenden Erfahrung wird.

Dem Prinzip der *imitatio* und *aemulatio*, Nachahmung und Konkurrenz, folgt auch die Übernahme des Modells Hof. So wie schon die Höfe der italienischen Signorien, den Traditionen, Machtgrundlagen und Bedürfnissen ihrer Dynastien entsprechend, im einzelnen durchaus unterschiedlich angelegt waren, so werden die von ihnen vorgegebenen Grundmuster außerhalb der Halbinsel noch viel stärker an die ganz spezifischen Herrschaftsverhältnisse, Hierarchien und Legitimationen angepaßt.

Dieser Prozeß zeichnet sich zuerst in Frankreich mit aller Deutlichkeit ab. Bleiben die ‹Kulturkontakte› im Rahmen der militärischen Kampagnen von 1494/95 und ab 1499 trotz mancher eindrucksvoller Mitbringsel und Erinnerungen (etwa die Memoiren Philippe de Commynes) insgesamt noch ziemlich folgenlos, so wird die Hofkultur Italiens für den ab 1515 regierenden, einundzwanzig Jahre jungen König Franz I. zum bewunderten Vorbild. Er zieht nicht nur Leonardo da Vinci in dessen letzten Lebensjahren in seine Umgebung, sondern bietet vielen weiteren italienischen Künstlern der jüngeren Generation wie Rosso Fiorentino (ab 1530) und Benvenuto Cellini (1542–1544) attraktive Arbeitsbedingungen und Aufträge, vor allem in seinem Schloß Fontainebleau, das zur Drehscheibe bei der Ausbreitung von Geschmack und Stil *all' italiana* wird. Dessen Ausschmückung illustriert eindrucksvoll das Wechselspiel von Stilimport und eigenständiger Stilentwicklung.

Hier nämlich entsteht trotz Leitung durch italienische Künstler – an die Stelle Rossos trat nach 1540 Francesco Primaticcio aus Bologna – und trotz unübersehbarer italienischer Vorbilder keine einfache Kopie einer italienischen Residenz, sondern ein von den unverwechselbaren Machtgrundlagen wie auch den Kompensationsbedürfnissen des (1525 in die Gefangenschaft seines Feindes Kaiser Karls V. gefallenen) Herrschers tief geprägtes höfisches Ambiente ganz eigener Art.

Das Beispiel läßt sich verallgemeinern: Die in Italien zuerst erprobten Formen humanistischer Kultur und höfischer Lebensformen neuen Stils unterliegen allenthalben einer komplexen Anpassung, wenn man so will einer ‹Nationalisierung› und ‹Europäisierung› zugleich. Vom Italien der Renaissance ausgehend, entwickelt sich auf diese Weise mit zahlreichen Variablen im einzelnen eine europäische Ökumene der Höfe, die durch gemeinsame zentrale Werte, durch eine über Sprach- und Landesgrenzen hinaus verständliche Semiotik, Formen des Auftretens und des Kommunizierens, geprägt ist. Dieses zur Ausbildung eigener ‹nationaler› Höfe anregende italienische Vorbild ist früh im Ungarn des Matthias Corvinus (1458–1490) nachweisbar, prägend, wie gesagt, im Frankreich Franz' I., aber mit vielen Brechungen schon zuvor in der Umgebung Kaiser Maximilians I. (1493–1519) wie seines Nachfolgers Karls V. präsent. Ab der Mitte des 16. Jahrhunderts wird das in Italien vorgeformte höfische Modell auch in anderen deutschen Residenzen wie etwa dem München Albrechts V. (1550–1579) wirksam und breitet sich schließlich über ganz Europa aus – mit deutlichen Verschiebungen, Reserven und besonders ausgeprägten Eigenständigkeiten auf der iberischen Halbinsel und in England, glanzvoll und wiederum sehr eigentümlich im Prag Rudolfs II. (1576–1612).

In dieser Formalisierung, Ritualisierung und Zivilisierung, die mit zahlreichen Weiterbildungen und Modifizierungen bis zum Ende des Ancien régime verbindlich bleibt, ist das eigentliche ‹Erbe› der italienischen Renaissance zu sehen. Sie hat nicht der langsamen Ausbildung frühmoderner Staatlichkeit und Behördenstrukturen, wohl aber der Kultur des aristokratischen Europas entscheidende Impulse verliehen. Und auch nach dessen Ende im Zeitalter der Französischen Revolution und Napoleons bleibt diese Wirkung ungebrochen: Das 19. Jahrhundert wird dann den Mythos von der Renaissance als Epoche des letzten Menschheitsfrühlings erfinden – ein Wirkungskreis schließt sich.

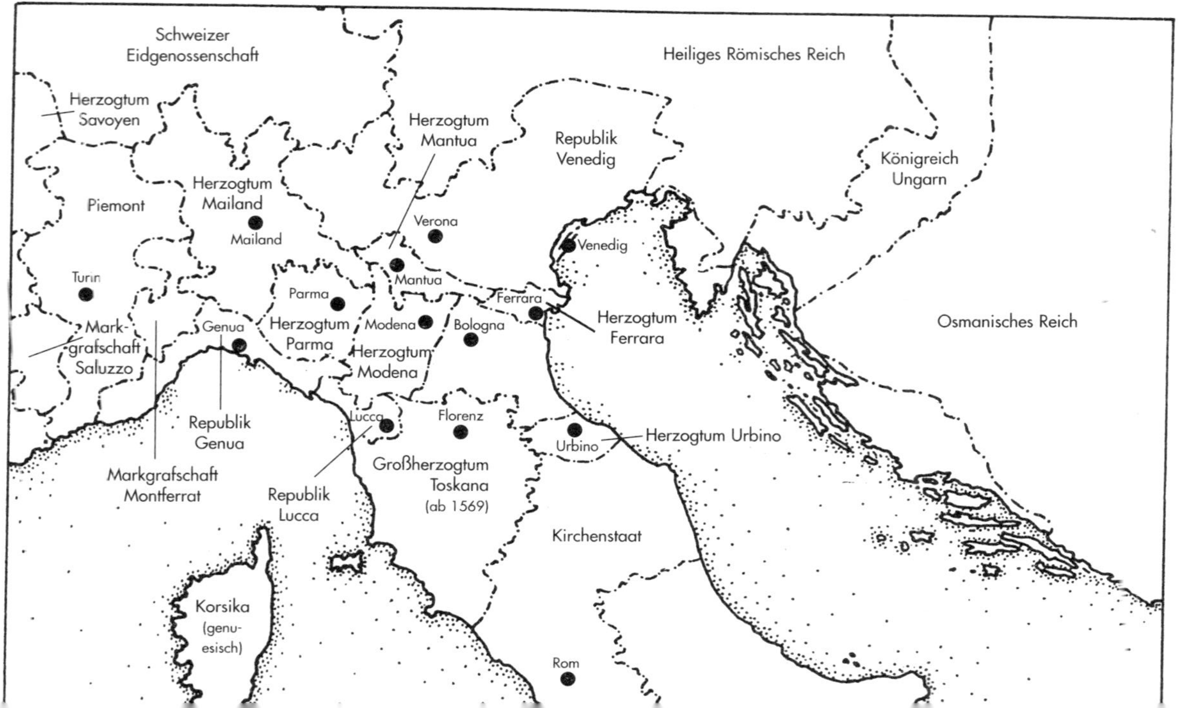
Schweizer Eidgenossenschaft
Heiliges Römisches Reich
Herzogtum Savoyen
Herzogtum Mantua
Republik Venedig
Königreich Ungarn
Herzogtum Mailand
Piemont
Verona
Mailand
Venedig
Turin
Mantua
Parma
Ferrara
Herzogtum Ferrara
Osmanisches Reich
Mark-grafschaft Saluzzo
Genua
Herzogtum Parma
Modena
Bologna
Herzogtum Modena
Lucca
Florenz
Urbino
Herzogtum Urbino
Republik Genua
Markgrafschaft Montferrat
Republik Lucca
Großherzogtum Toskana (ab 1569)
Kirchenstaat
Korsika (genu-esisch)
Rom

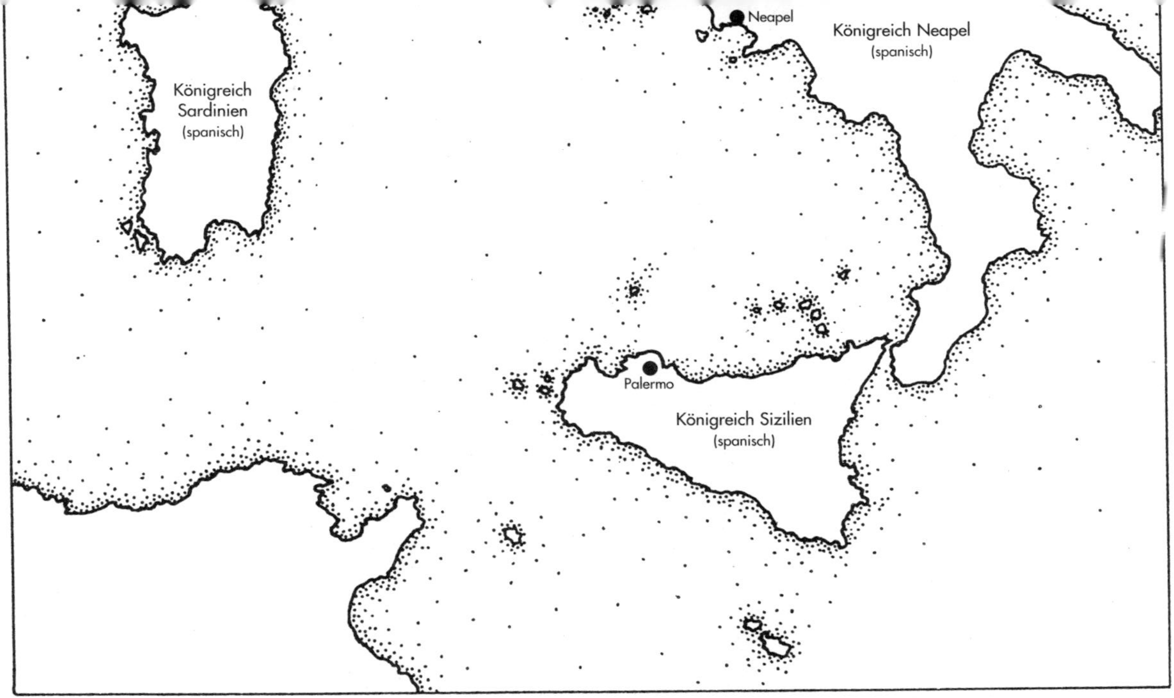

Abb. 7: Italien im Jahr 1559

Bibliographie

1. Zur Epoche

Burke, P., Tradition and Innovation in Renaissance Italy. A Sociological Approach, London 1974

Ders., The Renaissance, London 1988 (deutsch: Die Renaissance, Berlin 1990)

Ferguson, W. K., The Renaissance in Historical Thought, Cambridge/Mass. 1948

Hay, D./Law, J., Italy in the Age of the Renaissance 1380–1530, London/New York 1989

Ralph, P. L., The Renaissance in Perspective, London 1973

Welch, E., Art and Society in Italy 1350–1500, Oxford/New York 1997

2. Einzelstudien

Abulafia, D. (Hg.), The French Descent into Renaissance Italy 1494–95. Antecedents and Effects, Aldershot 1995

d'Agostino, G., Parlamento e società nel Regno di Napoli, Napoli 1979

Arasse, D./Tönnesmann, A., La Renaissance maniériste, Paris 1997

Ascheri, M., Siena nel Rinascimento. Istituzioni e sistema politico, Siena 1985

Baron, H., The Crisis of the Early Italian Renaissance, 2. Aufl. Princeton 1966

Basile, B. (Hg.), Bentivolorum magnificentia. Principe e cultura a Bologna nel Rinascimento, Roma 1984

Bentley, J. H., Politics and Culture in Renaissance Naples, Princeton 1987

Beyer, A., Parthenope. Neapel und der Süden der Renaissance, Berlin 2000

Bratchel, M. E., Lucca 1430–1494. The Reconstruction of an Italian City-Republic, Oxford 1998

Brown, C./Lorenzoni, A. M. (Hgg.), Isabella d'Este and Lorenzo da Pavia. Documents for the History of Art and Culture in Renaissance Mantua, Genève 1982

Cancila, O., Baroni e popolo nella Sicilia del grano, Palermo 1983

Caponetto, S., La riforma protestante nell'Italia del cinquecento, Torino 1992

Cauchies, J.-M./Chittolini, G. (Hgg.), Milano e Borgogna. Due stati principeschi tra medievo e rinascimento, Roma 1990

Cernigliaro, A., Sovranità e feudo nel regno di Napoli 1505–1557, Napoli 1983

Chambers, D./Martineau, J. (Hgg.), Splendours of the Gonzaga, London 1982
Chittolini, G./Cerboni Baiardi, G./Floriani, F. (Hgg.), Federico di Montefeltro; lo stato, le arti, la cultura, 3 Bde., Roma 1986
Chittolini, G./Molho, A./Schiera, P. (Hgg.), Origini dello Stato. Processi di formazione statale in Italia fra medievo ed età moderna, Bologna 1994
Clough, C. H., The Duchy of Urbino in the Renaissance, London 1981
Cochrane, E., Historians and Historiography in the Italian Renaissance, Chicago/London 1981
Covini, M. N., L'esercito del duca. Organizzazione militare e istituzioni al tempo degli Sforza (1450–1480), Roma 1998
Dean, T., Land and Power in late medieval Ferrara. The Rule of the Este, 1350–1450, Cambridge 1988
Ders., Notes on the Ferrarese Court in the Late Middle Ages, in: Renaissance Studies 3–4, S. 357–369
Epstein, S. A., Genoa and the Genoese, 958–1528, Chapel Hill/London 1996
Finlay, R., Politics in Renaissance Venice, New Brunswick 1980
Fubini, R., Italia Quattrocentesca. Politica e diplomazia nell'età di Lorenzo il Magnifico, Milano 1994
Garfagnini, G. C. (Hg.), Lorenzo il Magnifico e il suo mondo, Firenze 1994
Garin, E., Der italienische Humanismus, Bern 1947
Gilbert, F., Machiavelli and Guicciardini, Princeton 1965
Godman, P., From Poliziano to Machiavelli. Florentine Humanism in the High Renaissance, Princeton 1998
Greco, G./Rosa, M. (Hgg.), Storia degli antichi stati italiani, Bari 1996
Green, L., Lucca under many Masters. A fourteenth-century Italian Commune in Crisis (1328–1342), Città di Castello 1995
Gundersheimer, W. L., Ferrara. The Style of a Renaissance Despotism, Princeton 1973
Ianziti, G., Humanistic Historiography under the Sforzas. Politics and Propaganda in Fifteenth-Century Milan, Oxford 1988
Jones, P., The Malatesta of Rimini and the Papal State. A Political History, Cambridge 1974
Ders., The Italian City-State. From Commune to Signoria, Oxford 1997
Kent, F. W./Simons, P./Eade, J. C. (Hgg.), Patronage, Art and Society in Renaissance Italy, Canberra/Oxford 1987
Kristeller, P. O., Renaissance Thought, New York 1961
Ders., Acht Philosophen der italienischen Renaissance, Weinheim 1986
Ders., Medieval Aspects of Renaissance Learning, New York 1992
Ligresti, D. (Hg.), Il governo della città. Patriziati e politica nella Sicilia moderna, Catania 1990
Martines, L., The social world of the Florentine Humanists, Princeton 1963
Il potere, le arti, la guerra. Lo splendore dei Malatesta, Milano 2001

Polizzotto, F., The Elect Nation. The Savonarolan Movement in Florence 1494–1545, New York 1995
Reinhardt, V., Die Medici. Florenz im Zeitalter der Renaissance, München 2. Aufl 2001
Ders. (Hg.), Die großen Familien Italiens, Stuttgart 1992
Rösch, G., Venedig. Geschichte einer Seerepublik, Stuttgart/Berlin/Köln 2000
Rosenberg, C. M., The Este Monuments and Urban Development in Renaissance Ferrara, Cambridge 1997
Rubinstein, N., The Government of Florence under the Medici (1434 to 1494), Oxford 1966
Ryder, A., The Kingdom of Naples unter Alfonso the Magnanimous. The Making of a Modern State, Oxford 1976
Signorini, R., Opus hoc tenue. La camera dipinta di Andrea Mantegna, Parma 1985
Smyth, C. H./Garfagnini, G. C. (Hgg.), Florence and Milan: Comparisons and Relations, 2 Bde., Florence 1989
Starn, R./Partridge, L., Arts of Power. Three Halls of State in Italy 1300 to 1600, Berkeley/Los Angeles/Oxford 1992
Stinger, C. L., The Renaissance in Rome, Bloomington 1985
Struever, N. S., The Language of History in the Renaissance. Rhetoric and Historical Consciousness in Florentine Humanism, Princeton 1970
Varese, R., Il ciclo cosmologico di Schifanoia: un momento della civiltà cortese in Europa, in: Salmons, J./Moretti, W. (Hgg.), The Renaissance in Ferrara and its European Horizons. Il Rinascimento a Ferrara e il suo orizzonte europeo, Cardiff/Ravenna 1984
Viggiano, A., Governanti e governati. Legittimità del potere ed esercizio dell'autorità sovrana nello Stato veneto della prima età moderna, Treviso 1993
Ward Swain, E., The Wages of Peace: The Condotte of Ludovico Gonzaga 1436–1478, in: Renaissance Studies 3–4, S. 442–452

Abbildungsnachweis

Die Abbildungen wurden folgenden Publikationen entnommen:
Donati, Angela: Il potere, le arti, la guerra, Milano 2001, S. 247 3
Jones, Roger/Penny, Nicholas: Raffael, München 1984, S. 119, Abb. 132 4
Muccini, Ugo: Il Salone dei cinquecento in Palazzo Vecchio, Firenze 1990, S. 120 6
Reinhardt, Volker: Geschichte Italiens, München 1999, S. 18/19 7
Walther, Ingo F. (Hg.): Malerei der Welt, Bd. 1, Köln 1995, S. 115 2

Die übrigen Abbildungen stammen aus dem Archiv des Autors und des Verlags.

Register